突围

88位基金经理的投资原则

金融界 编著

中信出版集团·北京

图书在版编目（CIP）数据

突围：88位基金经理的投资原则/金融界编著．--
北京：中信出版社，2018.12（2019.3重印）
ISBN 978-7-5086-9823-6

Ⅰ.①突… Ⅱ.①金… Ⅲ.①基金－投资－基本知识
Ⅳ.①F830.59

中国版本图书馆CIP数据核字（2018）第268782号

突围——88位基金经理的投资原则

编 著 者：金融界
出版发行：中信出版集团股份有限公司
（北京市朝阳区惠新东街甲4号富盛大厦2座 邮编 100029）
承 印 者：北京诚信伟业印刷有限公司

开	本：787mm×1092mm　1/16	印	张：15.5	字	数：168千字
版	次：2018年12月第1版	印	次：2019年3月第3次印刷		

广告经营许可证：京朝工商广字第8087号
书　　号：ISBN 978-7-5086-9823-6
定　　价：59.00元

版权所有·侵权必究
如有印刷、装订问题，本公司负责调换。
服务热线：400-600-8099
投稿邮箱：author@citicpub.com

序言

2018年是改革开放40周年，40年来，中国人民筚路蓝缕，奋斗不息，绘制出了一幅幅辉煌的时代画卷。伴随着中国特色社会主义的不断深化，28年前，中国的资本市场横空出世，迅速发展壮大，居民理财需求随之高涨，在声声呼唤下，新世纪之交，中国公募基金行业正式诞生，到今天已经走过了20个春秋。

20年来，公募基金扎根中国特色的资本市场，紧跟改革开放步伐，努力开拓创新，真正具备了资本市场压舱石和实体经济助推器的能力，成为中国现代金融体系的千钧之鼎。

自1998年诞生至今，公募基金积极对外开放，充分吸收成熟市场的有效经验，逐步形成了与行业本质相匹配的法制环境和市场体系，确立了以《基金法》为核心的完善规则体系，在大资管行业中成为大众理财优选的投资工具之一。根据中国基金业协会披露的数据，截至2018年9月底，我国境内共有基金管理公司119家，公募基金产品数量5 459只，管理公募基金资产合计13.36万亿元。

公募基金投资标的为股票、债券等标准化资产，易于估值、透明度高。《基金法》赋予了基金财产的独立性地位、双受托制度、投资者适当性制度、信息披露制度、净值化管理制度、公平交易制度以及严格的监管执法，令公募基金的投资者权益保护最为充分。

经过20年发展，公募基金始终坚持长期投资，凝聚居民财富和企业闲置资本，助力养老金保值增值，成为资本市场的中流砥柱。行业中也涌现出了一批能够把握住市场中长期投资机会，大幅战胜市场，为投资者带来可观超额回报的绩优基金经理。

作为公募基金行业的核心资产与竞争力，基金经理是推动行业发展的主要内生力量，他们对投资道术的选择，对客户需求的理解，对市场发展的洞见，无不体现在每一个投资决策之中。通过每一次买卖，公募基金经理们都能与市场形成互动，进而对中国资本市场发展施加独特的、带着公募基因的深刻影响。

20年市场淬炼，无数次成败考验，公募基金经理们始终坚持发现价值、引导价值、持有价值，经过长期沉淀积累，形成了以深入基本面研究、价值投资为核心的投研文化。在价值投资指引下，公募基金行稳致远，取得了优秀的长期业绩，为普惠金融树立了典型范例。据中国基金业协会统计，公募基金成立20年来，偏股型基金年化收益率平均为16.18%，超出同期上证综指平均涨幅8.5个百分点；债券型基金年化收益率平均为7.64%，超出现行3年期银行定期存款基准利率4.89个百分点。公募基金累计向持有人分红达2.06万亿元。

回顾历史，总结经验，发扬成绩，开拓未来。值此公募基金行业20周年的特殊节点，《突围——88位基金经理的投资原则》这本书的出版非常有意义。它集88家公募基金的88位基金经理的智慧箴言，从专业投资者视角，通过方向篇、方法篇、机会篇三大篇章，向广大投资人展示了他们的专业价值。熟悉的公司、熟悉的基金经理，虽然他们的从业背景、投资经历、投资方法各有不同，但为持有人创造最大的回报是他们的一致信仰。

山再高，往上攀，总能登顶；路再长，走下去，定能到达。公募基金行业的发展之所以能取得令人瞩目的成就，缘于老中青三代基金人的坚守。希望所有的公募基金行业从业者不忘初心、砥砺前行，为公募基金行业创造下一个更加辉煌的 20 年！

中国证券投资基金业协会

目录

方 向 篇

溯源价值

坚守估值纪律，两维度选择标的 / 王　俊　3

关注真价值，寻找戴维斯双击的行业和个股 / 彭凌志　6

践行价值投资策略，低估值是必要条件 / 丘栋荣　8

真成长弥足珍贵，低估值保护很有必要 / 王克玉　10

好公司加好价格，押注实现价值的回归和增长 / 骆海涛　13

发挥工匠精神，将标准化与个性定制完美结合 / 王　静　15

价值投资最基本的是安全边际，要买得早并熬得住 / 赵晓东　17

稳中求进，坚守基本面 / 陈立秋　19

投资如登山，价值投资才是正确途径 / 曹名长　21

探路成长

把握黄金平衡点，看好泛消费前景 / 史　博　23

投资遵循一胜九败规律，只有极少数能跑赢市场 / 杨　棋　25

中美百倍牛股的共同点 / 徐　婕　28

评估潜在的收益空间，看重个股的"性价比" / 是星涛　30

短期博弈是一种"熵"，长期只能赚价值的钱 / 陈一峰　33

杜邦拆解发现好公司，坚定"收藏"滚雪球 / 许文波　34

价值投资包含两个层面，未来将展开价值成长行情 / 程　涛　37

基于两个层次挑选创造价值的好公司 / 黎　莹　39

估值历史低点，正是价值投资最乐见的机会 / 李永兴　41

方法篇

主动管理

拥抱"原则"，穿越惊涛骇浪 / 王宗合　47

从成长中寻找最深度的价值 / 邵　健　49

以绝对收益为纲：宁可错过，不能做错 / 王　华　54

长期收益来源于持有优秀公司而非神操作 / 安　昀　56

找到抵抗恐惧的"锚"，安享资产增值 / 杨锐文　58

中微观增速估值性价比匹配之刀 / 王　睿　61

不甘落后是理性投资的最大障碍 / 曹　力　63

平衡收益风险，实现可持续回报 / 吴　昊　66

相信真成长的力量 / 付　斌　69

四大要点捕捉未来行业龙头 / 贺　喆　72

绝对收益居首，价值观决定成就 / 王美芹　74

赚企业成长与估值修复的钱，关注消费升级和创新／杨建华　77

行业轮动投资法的更高层次／卢　扬　80

震荡市中的定心丸——掌握合理定价能力／乔　迁　82

融合时间要素，构筑投资四维空间／何　奇　84

大道至简，只做能看明白的投资／桂跃强　86

股票投资的初心和进化论／刘　江　89

投票机与称重机，龙头公司的四大筛选之道／孔祥鹏　94

通往绝对收益之路／周　平　96

复利下的长期投资与资产配置策略／杨　梦　98

价值博弈者的走钢丝平衡术／蔡宇滨　102

用绝对收益理念做长期投资／李双全　104

如何挑选具有阿尔法的标的／王　华　107

顺势而为，投资必知三大要素／刘方旭　109

寻找产业趋势下的龙头公司／陈嘉平　111

投资方法和投资现实的结合／丁　平　113

投资反思录：每一个组合都应有价值观／张延闽　114

新时代下的投资方法三部曲／庄腾飞　117

克服线性思维，关注周期性规律／刘开运　119

破译寻找确定性机会的投资密码／李怡文　121

用"性价比"概念构建投资组合／邹新进　123

如何进入"看山还是山"的成熟阶段／唐　雷　125

基金管理的终极追求：做正确的事情／马文祥　127

量化魔方

四大方法打开量化投资黑箱／陈士俊　130

在量化选股中寻找超额收益因子的路径／杜晓海　133

人工智能探索：大数据引领精准投资／查晓磊　135

被动投资

ETF 是 FOF 最优选的底层配置工具／荣　膺　138

A 股市场上的指数发展条件／许之彦　141

指数化投资精髓／吴　昊　143

固收兵法

债券投资的长逻辑和短逻辑／唐弋迅　146

债券收益率的价值与反价值／姚　秋　152

固收投资中需先做好确定的事／史向明　156

鹰眼视角：捕捉风险收益比最高的类属资产／刘丽娟　158

深度分析，准确把握产品业绩高低的关键／闫沛贤　160

固收之道：投研的抽丝剥茧和化简为繁／吕晓蓉　162

聚沙成塔，守正出奇／王　立　164

构建准确、严格的信用风险体系／郑　猛　166

机 会 篇

争鸣市场

风物长宜放眼量／莫海波　171

如何理解基于价值的趋势投资／肖志刚　173

宏观经济下的资产配置之道／郑　源　176

长牛正在路上，守正待时／苏　辛　178

铭记新时代烙印，投资坚守初心／宋　磊　181

寻找中国转型升级的中坚力量／胡耀文　183

机遇挑战并存，紧抓两大投资机会／梁洪昀　184

挖掘经济转型中更多的投资机会／毛　矛　186

祸福相倚，危中有机／林国辉　188

借力长期投资，放眼未来发展／林翠萍　190

论道 A 股

中小创的春天还远吗／曹文俊　194

探求科技行业投资秘籍／张仲维　198

A 股底部或已现，优质赛道实现超车／刘晋晋　200

股票长期投资业绩靠什么／范　冰　202

机会大于风险，长期看好医药板块／王大鹏　205

明晰 A 股投资的三大圈层／谈洁颖　207

A 股市场的藏獒投资理论／赵宏宇　209

乐观看市，锚定真成长／方伦煜　212

股市是集体智慧的结晶／董山青　213

做定投前需要解决 3 个问题／宫　雪　215

放眼海外

跨境资本流动对港股审美的影响／余　昊　217

美股宽幅震荡，优选中性策略／董　梁　220

港股吸引力加剧，配置正当其时／付世伟　224

后　记／227

方向篇

溯源价值

坚守估值纪律，两维度选择标的

当下，宏观经济和 A 股市场正处在一个关键时期，这可能是一个漫长的过程，却也是专业投资人最好的时代。

上市公司价值提升和投资者结构变化

从业 10 年，当下我对 A 股市场中长期前景更加充满信心。纪录片《辉煌中国》里说道：一个国家综合实力的提升是通过各行各业企业竞争力的提升来实现的。在今天的 A 股市场，不仅在传统行业我们能够找到具备全球竞争力的龙头公司，而且在先进制造业和现代服务业中，一批具有改变世界能力的公司也在不断涌现，它们的出现是投资人的"长期饭票"。

最近几年，A股市场的投资者结构也出现了一些积极变化，我形容他们是这样一群人：资金充足、投资期限长、预期收益率低。一位2003年就进入A股市场的境外投资人对我说："我职业生涯到目前为止最遗憾的事情就是中国台湾的股市纳入MSCI①指数之后，我没有坚定持有台积电，错过了一个收益增长50倍的股票。"随着A股纳入MSCI指数，我相信这样一群人会更加壮大。

优秀的公司不断涌现、资金趋向更注重长期价值，当下的市场正处在这样的转折点。

坚守价值投资，扎根深度基本面研究

在研究一家上市公司时，我总是先问自己3个问题——真不真？好不好？贵不贵？在我过去10年的投研经历中，坚守价值投资、深度扎根基本面研究是我对自己的基本要求，坚持得久了，就成为通常意义上的"风格"。股票市场中聪明的投资者主要通过投资企业价值获取盈利，我们尽量不做或者少做博弈的事，而把更多的时间和精力花在研究企业价值创造的问题上。即使市场出现超预期调整，我们依然能保持自己的投资逻辑，将估值合理性作为投资的重要依据；哪怕在A股市场"黑天鹅"事件频发的年份里，我们仍能从资产负债表和现金流量表入手，沉下心来研究公司和经营业务的合理性。

过去提起价值投资，关注点就是传统行业，但现在新兴行业崛起，

---

① MSCI即摩根士丹利资本国际公司，是一家提供全球指数及相关衍生金融产品标的的公司。MSCI指数是全球投资组合经理中最多采用的投资标的。——编者注

我们也会顺势而为，拓展研究对象，把价值投资理念和方法运用到这些新经济领域，发掘出"新价值"。我们希望对某一行业的研究有比别人更深的地方，尤其是在新的行业研究里，能够有新的方法，去发现新的技术和新的商业模式的价值所在。

从选择标的的方法来看，我主要把握两个维度：第一个维度是自上而下，从总量增长和竞争结构两个方面入手，先找到可持续增长的行业，再通过竞争结构分析判断具体的投资标的；第二个维度是自下而上观察公司财务报表、估值等情况。我选股也会注重横向比较，对重要的公司会进行长期跟踪，力求在同一只股票上反复赚钱。

提升决策质量，为持有人获取持续回报

在我看来，投资就是一个比较性价比的过程，结果伴随运气成分的影响。作为基金经理，核心工作是持续不断地提升决策质量。通俗地说就是：知道什么是好公司和善于做出买卖的决策。好公司简单地说就是赢利能力/竞争力可持续且不断提升的公司。从白酒到医药，从家电到安防，A股中很多优秀的上市公司诠释着价值创造的本质。我不会把股票简单地分成白马、蓝筹、中小创等，而是比较关心两点：一是公司能不能持续为股东创造回报；二是其竞争能力会不会有持续提升。做出买卖决策的核心问题是胜率和赔率的问题。胜率主要是在一定的时间维度内投资逻辑兑现的可能性；赔率的核心其实是估值，简单说就是投资逻辑兑现了，预期能有多少收益率，如果没有兑现，大概会出现多大的亏损。A股市场历史上的波动率高得惊人，只有好的买卖决策能够带来可观的回报。

受人之托，忠人之事。面对持有人的托付，我们定当加倍努力。我们会寻找中长期赢利能力/竞争力提升确定性高的公司，寻求中短期合

适的赔率，持续学习，争取每天都能够进步一点点，保持身心健康并重复以上循环。

博时基金／王　俊

关注真价值，寻找戴维斯双击的行业和个股

人们常说："十年磨一剑。"从默默无闻到渐为人知，这岁月芳华间，牛熊市的历练让入行 11 年的我更加坚定自己的想法，并把这些想法付诸实践。细细想来，投资和劳作是一样的。为了摘得秋天的硕果，就要忍受夏日里似火的骄阳、挨过冬季漫长的黑夜。在这个过程中，我们每个人都要克服心中贪婪的欲望，磨炼自己的心智，静待花开。所以我非常能够理解，在当下市场持续震荡的情况下，大家的疑惑和观望。

都说"投资无定式"，但还有一句话叫"万变不离其宗"。无论是在市场高歌猛进还是低迷不振的时候，把握最基本的是关键中的关键。过去的两年，大家都说是价值投资的时代，是白马股价值回归。但是在 2018 年可能大家也看到发生了一些变化，白马股出现调整，最终市场则进入了震荡调整的阶段。很多投资者在这样的市场中可能会相当迷惑，这样的市场投资该怎么做？

实际上，不管是投白马股还是投成长股，或是投资于整体震荡调整的市场，始终有一个最基本的东西，就是对企业的业绩、成长性的要求越来越高。换句话说，不管是什么风格，只要这个企业的成长性是踏实的，它的估值是合适的，这个股票就会受到资金的追捧。未来一两年，是价值和成长逐步均衡的过程，投资者要关注市场风格的因素，更重要

方向篇
——溯源价值

的则是要关注企业的盈利和估值。

具体到投资方法，我会去寻找能够"戴维斯双击"的行业和个股。所谓戴维斯双击，是指当一个公司利润增长时，每股收益提高，同时市场给予的估值也提高，股价得到相乘倍数的上涨。在未来一两年甚至更长的时间里，我会重点关注两类公司：一类叫真价值，另外一类叫真成长。

这里说的"真价值"，是指整个行业的增长放慢以后，能够真正享受这个行业红利的公司，通常都是这个行业的龙头公司。而"真成长"则是指新兴的成长方向，行业还未洗牌正在成长阶段，具有强大的竞争力，能够伴随行业成长而发展壮大的公司。

再细化地来讲我的选股逻辑。首先，从行业的角度，我希望标的公司所处行业的景气度是向上的，行业趋势向好空间比较大，最好是有政策支持的行业，我很少找那些产能过剩的行业。其次，寻找那些有竞争优势、竞争壁垒，最好是有定价权的公司。这里有一点需要说明，就是有些行业本身发展趋于成熟、增长出现放慢，这时候行业内的龙头公司的优势就显现出来了。再次，我对企业的赢利能力有明确的要求，必须是有赢利能力且高速成长的股票，而且成长能力越强越好。最后，我认为个股的估值必须合理，这是投资中的安全边际。

对于广大的基金投资者来说，在当前的市场环境中该如何进行投资呢？我想跟大家说的是，基金与股票最大的不同之处是基金不存在"买涨不买跌"的问题。许多投资者往往只敢在股市上涨时购买基金，遇到市场下跌就会犹豫不决。但历史已多次证明，市场下跌才是最好的购买基金的时机，在市场处于低位的时候买入，亏损的风险反而更小，长期来看获得的收益也会更多。同样的道理，基金不可以像股票一样短炒、炒差，基金投资者不应过分迷恋短期业绩排名、基金经理的职务高低等信息。投资基金虽然可进行一些适当的波段操作，但不适合频繁做波段。因为基金在申购以及赎回的时候会有一笔不菲的手续费，会造成收益的损失。普通投资者的"择时能力"一般都比较弱，不适合利用基金来频繁操作。

总的来看，对投资者来讲，证券投资基金是适合长期持有的品种，但并不意味着买了之后就可以不管不问。目前市面上的基金很多，业绩良莠不齐在所难免，即使是近期业绩不错的基金也可能因为种种因素导致业绩下滑。所以，投资者应该定期检查自己所持有的基金业绩表现。

国泰基金／彭凌志

践行价值投资策略，低估值是必要条件

回顾中国公募基金 20 年的发展历程，总结历史经验，在竞争激烈的公募基金行业寻找合适的发展之路，唯有深耕价值，只做价值投资。

在主动权益投资中，我们只做价值投资策略，即专注于资产本身的价值和现金流定价，而非基于市场行为和交易行为。我们将集中投研资源和优势，力争在主动权益市场中获得最大的竞争优势。

过去 10 年，全球资产价格上涨的较大原因来自宽松的流动性，而非基本面本身。无论是基本面最好的美股，还是基本面没那么好的中国房地产股票、日本债券等，其表现中很大一部分因素来自流动性宽松，也就是估值的提升。

现在及未来资本市场的大趋势是流动性开始收紧，投资收益不能完全依靠估值的提升。所以，基于资产本身现金流和盈利的回报会变得更

加重要。我们遵循的价值投资策略将更加符合未来的时代背景。

从更长的周期来看,我们认为这种单一、纯粹的策略有一定的优势,能够基于资产本身获得相对确定的回报,同时可能承担更低的风险,这是我们更能驾驭的方式,也可能是更能够帮助客户和投资人在更长的投资生命周期中,实现投资目标的一种方式。

另外,从市场空间和潜在商业价值上看,我们相信价值策略的市场容量足够大,即便是简单的单一投资策略,也能够充分满足不同客户的多元化的投资目标,足以支撑足够大的主动管理规模,获得足够高的商业价值。

那么,如何定义价值投资策略呢?传统的投资策略,大体可以分为两种定价思路和方法——基于投资定价的方法和基于交易的方法。基于交易的方法较为简单,价格的核心来自交易和交易对手、来自供给和需求,这是经典的供需模型。价值投资策略是基于投资的思路来给资产定价,至少需要关注以下方面。

第一,预期的全部回报必须全部来自资产本身的盈利或者现金流。第二,预期的收益不能指望交易,完全不能考虑交易对手,应该从自身出发,我们甚至不能试图去预测贴现率的大小和变化,而应更多考虑投资者本身的投资目标、必要的投资目标和预期回报,而不是考虑交易对手。第三,如果投资者想要获得超额回报或者更好的回报,必须要买得足够便宜。所以第三个必要条件是超额回报必须要用低估值来解释。我们凭什么获得超额回报?根本原因是买得便宜,对应资产的未来盈利或现金流隐含回报率足够高,而不是基于庞氏模式,不是因为预期有人以更高的价格来接盘。所以超额回报和低估值这两个概念基本上可以理解为等价的关系,低估值变成必要条件。同时满足以上3个条件的,才是真正意义上的价值投资策略。

回归投资本源，就是我们放弃追逐最高收益率、最好业绩排名、成为明星基金的投资目标，而是回归到关注投资者真实的投资需求。我们唯一的目标，就是尽可能满足客户真实的投资需求，包括机构投资者和个人投资者。未来，在管理产品、构建投资组合的时候，将充分考虑不确定性和风险，并基于立体的风险管理体系管理整个体系的风险，从而为投资者提供最优质的投资服务。

中庚基金／丘栋荣

真成长弥足珍贵，低估值保护很有必要

在结束 7 年的理工科生涯后，我开始踏足基金行业，迄今已有 15 年的从业时间。我认为，做投资和做任何事情一样，它没有捷径，重在积累，所有过去的经历，都会在你的投资行为中得到印证。

投射到我自己的身上，因为我是理工科出身，一直觉得理科是用来认识世界的，工科则更强调技术与应用，这样的教育背景使得我在做调研时更易于理解生产技术；也令我在如何挑选个股的问题上，可以进行纯粹的理性判断；当然也使我的投资风格更加偏好于与新兴、成长相关的领域，尤其是"低估值保护下的成长股"。

我们知道，"成长性"往往是隐性的，它隐含在企业经营的方方面面，内外部环境、行业变化、市场格局、管理团队都非常重要。因此，在选择企业的时候，需要特别重视对这些因素的考察，通过深入调研筛选出团队经营管理能力强、成长性较好的公司。"成长性"的另一层含义是生命力，好的成长股投资往往是最具生命力的投资，在投资工作

方向篇
——溯源价值

中，我们常常花大量的时间和精力去寻找新的方向、发现新的投资标的，从而保持了整个组合旺盛的生命力。

这些年来，A股市场的结构性行情充分演绎，不论是2016年以来泡沫的退去，还是2017年的价值白马行情，都让"真成长"变得弥足珍贵。

历史的经验告诉我们，买市面上最热的主题是非常危险的，不论公司的基本面如何，很多时候它的价格都已经透支了未来的发展，作为一个个体公司，这完全有可能实现，但是如果组合中全是这样的标的，那就是极其危险的。因此，一个有效的投资，与其所处的位置紧密相关，选择"低估值保护"是很有必要的。

"低估值保护"需要关注盈利增值和估值的匹配，对此，在挑选股票时，我们坚持两个主要的标准：一是市场对于这个领域的研究不够深入和透彻，二是市场的误判或误解。估值不仅仅是市盈率的概念，在企业经营初期，一般市盈率都会比较高，但是优秀的企业经过几年经营，它的利润会充分释放出来，企业的市盈率也会快速下降。而这个过程中，有些企业的经营周期会拉得比较长，这就需要在投资的过程中仔细甄别。

放眼当前市场，我们看到，内外部环境的诸多变化给A股市场带来了不小的挑战。从内部环境来看，中国经济正在经历一轮前所未有的长期的去杠杆，当前去杠杆政策的重心已由"金融去杠杆"切换至"实体去杠杆"，重点清理房地产企业和僵尸企业的债务。从中，我们至少可以窥见中国经济结构调整的方向，这种调整方向会让资源配置更加合理和高效，那些基本面良好，有盈利支撑且长期成长空间较大的企业也将从中获益。

从外部环境来看，愈演愈烈的中美贸易摩擦短期内向中国经济提出

11

了挑战，但这40年的改革开放，中国经济转型的思路已非常明显，贸易摩擦反而给国内企业提供了很好的反思机会，发展高质量的经济已成题中应有之意。2017年年底召开的中央经济工作会议，制定了2018年重要的战略目标："深化供给侧结构性改革。要推进中国制造向中国创造转变，中国速度向中国质量转变，制造业大国向制造业强国转变。"深化要素市场化配置改革，重点在"破""立""降"上下功夫。鼓励创新和研发已经成为中国经济长期的发展方向，而这也在人工智能、医药、新能源等产业上得到了清晰的体现。特别是在最近一轮调整当中，一部分代表未来技术方向且赢利状况较好的企业已经明显走出了自己的独立行情。

经过多年的发展，中国其实已经形成了一批具备国际比较优势的产业，市场化的运行机制、庞大的市场机会、显著的人力资源和综合成本优势为其带来了巨大的发展空间，大量处于成长期的企业上市为投资者贡献了更多的选择机会，如面向智能制造的装备领域、新材料、汽车电子和无人驾驶、医药和医疗服务等。这些领域的上市公司已经表现出巨大的增长潜力，其经营质量不断改善，企业创新不断发生，产业的突破发展也将为投资者带来十分可观的投资机会。

从业多年，应该说我在这些年的感受尤为强烈。A股市场发生了不少新的变化，包括金融去杠杆，也包括大量业绩不好、市值小的公司逐渐开始失去流动性，以及估值不断下移……很多甚至是连在这个市场奋战多年、经验丰富的投资者都未曾经历的。而令人高兴的是，所有的这些变化都在向着市场化改革的方向不断推进，而A股也势必走入一个价值投资的最好时代。

泓德基金／王克玉

方向篇
——溯源价值

好公司加好价格，押注实现价值的回归和增长

资本市场如果有什么普适定律，那就是价格终将回归价值。这是价值投资的理论基石，堪比宇宙中的万有引力定律。对价值规律的认知一旦建立，我们看待股市的涨跌也就摆脱了线性趋势思维的约束。股市大跌对于价值投资者是真正的重大利好，股市大涨则是真正要警惕风险的时候。

依我个人的经验，价值投资乃是最可靠的投资策略之一。价值投资本质上追求的是企业价值的增长，而不是交易对手的误判或让利。只要企业创造价值的过程持续改善，价值的累积必然让投资者收获回报。价值投资的成功在原理上得到了保证。

我们以A股市场整体为例，考察中国上市公司的价值增长情况。通常，我们用净资产收益率即ROE来表征股东真实的回报率。A股市场中长期的ROE大致在10%上下波动。这个数据直接支持A股中长线必然上涨的结论，是我们长线投资A股的核心依据。历史最长的上证综合指数较好地验证了这个数据，近28年来上证综指的年化复利差不多为12.5%，这个收益率是远高于债券的。

基于基本面分析的价值投资提供一种与事实真相相符的认知观，而不是基于K线、MACD（异同移动平均线）指标、舆论风口等派生信息。一个资产有没有价值、价值多少是基于标的物的本质而非表象得出的判断，这与量子力学倡导的著名的第一性原理不谋而合，是符合科学精神的认知体系。

价值投资方法并不应该拘泥于任何一种形式，而应该是一套以不变

应万变地从分析到交易的体系，用任何一种简单的套路都是不完整的。巴菲特代表了一种经典的价值投资，即低价买入护城河深的企业超长期持有。彼得·林奇高度分散快速迭代的投资则体现了更为全面而包容的价值投资方法。两者都取得了辉煌的成功。原则上，只要是基于资产内在价值，押注价格被低估终将回归的策略都可以包括在价值投资体系中。与传统观念不同，在价值投资者眼中，没有成长股和价值股的区分，而只有性价比的区分。投资好赛道、好公司、好价格固然是最好的长期策略，但投资一般却超便宜的公司也能带来丰厚的收益。

必须强调，好公司加好价格的模式，中长期回报最为可观。好公司能够持续不断地创造丰厚的价值。重仓一个十倍股的投资效率要远远高于绝大多数投资策略。但同样需要指出，十倍股毕竟是少数，据我个人统计，在A股市场能够实现10年10倍或者5年5倍的股票比例不超过10%。没有海底捞针的精神和努力，是很难不错过这些股票的。

价值投资的成功关键在于计算未来回报的空间和回报的波动情况。在有望获得足够的收益空间并且总体风险可控的情况下，长期押注实现价值的回归和增长。为了做到这些，投资者必须能读懂企业的财报、公司所在的行业情况、公司提供的产品与服务的本质特点等。研究这些基本面的核心目的是为了清晰地明白企业在市场竞争中将要发生的关键变化，以及在现实条件约束下公司能够达到的商业高度。此二者，我称为"结构"和"边界"。"结构"信息为我们界定公司的地位，对未来的发展趋势提供指引；"边界"信息为我们估计合理的价格提供可靠依据。对于"结构"和"边界"的研究是股票基本面研究中至关重要的一面，是区分机构投资者研究能力的关键所在。

在基本面研究中，与"结构"和"边界"同样关键的是，对人和商业模式的探究（这一点在众多的股票研究报告中被广泛忽略）。价值投资必须把人和商业模式结合起来看，才能做到对中长期的基本面有明确的把握。人是创造价值的主体，企业家的勤奋、智慧、执着的境界是创造伟大价值的原动力。而商业模式，是企业在长久商战中驾驭的战车，是动力十足的超跑，还是隆隆冒烟的拖拉机，最后都将在总市值中得以反映。轻资产、优质品牌、TOC（瓶颈理论）、产品标准化、创新驱动、软件赋能、网络化、平台化等都是我们非常重视和青睐的模式特征。优秀的人结合优势的商业模式才能具有持久的生命力、强大的抗风险能力，才能最终成就超级牛股。

同时，我们必须理解，价值投资的成败是通过资本市场的价格博弈实现的，无论是一级市场还是二级市场都是如此。资本市场是开放的市场，故而价格博弈既可以是理性有序的，也可以是疯狂无序的。接受这一点，才能敬畏市场，合理管控风险敞口，而不是偏执一念，藐视波动。实现惊人复利效应的前提是控制回撤，而不是追求收益。鉴于此，价值投资者同样需要学习必要的博弈技巧，比如技术分析总体是有益处的，但不能本末倒置，价值投资者必须以价值基本面为核心才不会剑走偏锋。我认为，交易本身不产生太多价值。

最后想对投资者说，投资需要信仰，让我们相信价值，相信创造价值的人。没有价值的投资如无源之水、无本之木，成功是运气，失败是必然。借此与投资者共勉。

嘉合基金 / 骆海涛

发挥工匠精神，将标准化与个性定制完美结合

时值公募基金20年，仿若女子步入桃李年华，翘首以盼，又像男

子行了弱冠礼，踌躇满志。我庆幸 10 年前毕业即进入公募行业，和优秀的同行们一起见证行业的发展和彼此的成长。如果说投资是一门武功，那公募像是郭靖，选了一条看似最笨最慢的路子，别人突飞猛进的时候埋头苦练，到如今别人可能面临"出来混总是要还的"的窘境时，公募或正迎来"是金子总会发光"的美好时光。

感佩 21 世纪初业内前辈们毅然举起价值投资大旗，摸着石头过河，做起价值投资的中国实践者。虽各家方法或有不一，但努力的方向大致相仿。这是一条只能坚定向前的路，在不同的市场环境下经得起考验并坚持下来并不是一件容易的事。老同事们聚会时，男同事们总是在自嘲早已"聪明绝顶"，女同事们也比非本行的同龄人看起来更加"成熟知性"些。有人说这一行业是吃青春饭的，白天或调研交流或案头操作，晚上读公告写报告和深度思考，双倍的工作时间使职业寿命自然短些。但每每想起股东大会上精神矍铄的已是 88 岁高龄的巴菲特，年近 70 仍风度翩翩、不吝与世人共享其成功原则的达利欧，我们笃定应该也能找到一套方法，在投资的道路上取得时间广度和深度的平衡，活到老，创造持续稳定的收益到老。

我们思考给出的答案是建立并不断完善一套可归因、可复制、可分享的投研体系。首先，将超额收益进行业绩归因，使大类资产、行业配置和个股选择各自分工明确，却又亲密协作。因为虽然仓位选择和行业配置偏自上而下，但也离不开个体公司盈利趋势的判断；虽然个股选择偏自下而上，但也离不开经济周期对盈利的影响和流动性对估值的影响。归因后方向目标明确，接下来就是要采用正确的方法。我们提倡研究不宜过早界定自身的能力圈，进行更多更广泛的研究是做好更优决策的前提。而在有限的人力和精力下，框架方法论就显得尤其重要。因此，我们致力于搭建并定期不断完善各行业的研究框架方法论，从盈利和估值角度明确各子行业股价表现的关键驱动因素，并不断进化完善这套体系。虽然这个过程耗时费力，但我们欣喜地发现，研究居然可呈现边际成本几乎为零的互联网特质。因为行业大的框架搭建起来后，对其内的各子行业方法论大致普适，后续新增深度覆盖的子行业只需要略微补充修葺即可用，大致做到工业标准化生产和个体定制的完美结合。这样投资机会的把握就可以不限定在特定行业领域，而是有着不断可复制、可持续的进化力。最后，我们秉承将买方的投研体系方法与更多的投资者共享，定期公开发布观点逻辑与数据推导过程，让投资者不仅从产品的净值中获益，还能深度参与公募行业的成长与进步。

展望未来10年，价值投资迎来新时代。一方面，在未来经过外在冲突挑战增多和内在去杠杆调结构的双重洗礼后，我们期盼的"别人家"的长牛市、慢牛市或正在路上，价值投资的雪球将迎来最长的坡。而另一方面A股加入MSCI指数进一步提升了金融市场全球化进程，投资理念加速融合。市场经过了前几年的价值分化和价值回归后，进入价值发现需精耕细作的新阶段，机构的精准定价力将成为核心生产力。这对于我们既是挑战也是机遇，我们将秉承着公募传统的工匠研究精神，抬头看天进化体系、埋头苦干精进方法，期待公募更美丽的花样年华、更从容的三十而立。

前海联合基金／王　静

价值投资最基本的是安全边际，要买得早并熬得住

资本市场的变化莫测，想必大家都深有体会，尤其是最近贸易摩擦

的数轮反复，各种观点众说纷纭，但没有谁能够真正准确预判事件进展以及影响的范围和程度。中美贸易摩擦的实质影响显然不会如此迅速地传导到上市公司的基本面，市场短期剧烈波动的主要影响因素还是市场情绪。

资本市场充斥着形形色色的事件驱动和情绪扰动，目前业内还没有一个能够每年都获得很好收益的可靠方法。但如果将时间拉长，在中长期为持有人赢得较为稳定的超额收益还是可行的，这也是我们孜孜以求的目标。

年轻的投研人员初入市场总会尝试不同的投资方法，在不同的市场风格中体会和检验。在20年的从业生涯中，我曾经尝试过成长股投资、行业配置、资产配置等多种方法，但最终能够熬得过熊市、在长跑中胜出的还是基于基本面分析的价值投资理念。原因在于，资本市场的核心是人性，市场总是先于并且过度反映基本面的变化，大的波动都是人性、避险或者风险偏好扭转带来的。我们可以通过中长期价值投资来赚公司业绩增长的钱，而中短期波动的主要影响因素是市场情绪，没有人能够完全把握住人的情绪。

事实上，投资最忌讳的就是被市场情绪牵着走，基金经理每天都能接触到各方的大量观点，如果不能坚持独立思考，很容易被市场情绪挟裹，最好的结果也只是取得平均业绩。股市很大程度上是人性的博弈，投资行为要尽可能地剥离市场情绪的影响，坚持独立思考，不要因为外界干扰而轻易改变思路。潮涨潮落，泥沙俱下，但站在河中央的礁石上就不易被浪潮冲走。

价值投资虽然是老生常谈，但确实经得起时间的检验。何谓价值投资？我认为，价值投资理念应根植于基本面分析，最基本的是安全边际。基本面分析就是对上市公司管理能力、赢利能力、成长性、竞争力的研究，想在长期投资中取得超越平均的收益，就要对重点公司的上述要素有尽可能透彻的理解，其中最重要的是看公司的核心竞争力能否长期保持，通常公司的核心人员是关键因素。安全边际是指上市公司的股价低于其内在价值的差值。一家企业无论有多好，都不可能拥有无限高的股价，投资不可避免地面临着系统性风险、资产配置风险、行业风险，留有足够的安全边际是减轻风险事件或判断失误造成的损失的最为行之有效的手段。

安全边际高的公司，其股价往往处于弱势表现区域，通俗来说就是不在市场追逐的风口上，我们的任务就是寻找那些被市场忽略或低估的好公司，分析造成股价走势的现实和预期因素，在合适的估值水平上买入并坚定持有，这样的投资方法就是逆向投资，也叫左侧投资。不过必须意识到的是，即使是经验非常丰富的基金经理也很难做到精准抄底，可行的操作是尽可能在底部区域布局。买入后的一段时间内，市场风格可能还没有转向自己这边，这时候更要勇于坚持，只要假设条件、投资逻辑没有变化，就不要轻易随市场涨跌而大幅度调整组合。逆向投资，"买得早并熬得住"是关键。

同样，我们希望投资者也能在震荡的市场中保持理性。我们会全力以赴，尽最大的努力为投资者的财富保值增值贡献力量，共同分享资本市场发展带来的回报。

国海富兰克林基金／赵晓东

稳中求进，坚守基本面

我在证券行业从业十余年。和很多公募同行略有些不同，我从一家海外对冲基金入行，担任过券商研究主管，管理过保险资金和家族办公室资金，也合伙干过私募，一年多年前加入长安基金。在此期间我参与了包括 A 股、港股、美股在内的跨市场投资。所以，我真切地感受到 A 股市场这些年的发展变化——我们的市场变得越来越规范成熟。

2018 年开年后，市场上关于选择成长股还是坚守蓝筹股的讨论较多。无论市场短期风格如何变化，就目前的市场行情来看，我个人的观点会是"稳中求进，坚守基本面"。大致的观点思路如下。

"稳"是信心的来源

时下，我们对国内经济将会继续平稳发展满怀信心，GDP（国内生产总值）将不再作为衡量地方政府绩效的唯一指标，金融风险在缓慢释放，这一切都预示了 2018 年经济形势将朝着"稳"的方向发展。

在国内稳定的政治经济环境之下，我们没有理由花费精力去纠结股市会是牛还是熊，也不必对短期数据波动过多担心。站在当前时点，我们可以专注于寻找好的行业与好的公司。目前股市的震荡，可以说为我们用更合理的价格买入好股票创造了很好的机会。

基本面是投资的起点和最重要的决定因素

回归基本面，坚守价值投资也是我们一直以来所坚持的理念，很高兴看到整个 A 股市场的风格也渐渐在朝着这个方向转变。因此我们内部并没有特别区分是成长股还是价值股，我们会把关注点更多地放在业绩与净资产收益率有没有踏实增长、现金流情况是否充足等基本面因素上。淡化风格，着重基本面研究，精选个股是我们选股的核心逻辑。当然这些都需要大量的研究工作，但相比追寻风格转换而言，我们认为这是一种更为有效的方法。其逻辑就在于A股市场与此前相比在逐渐变得更加有效，而一个有效的市场终将给基本面良好的公司以正反馈。

在前瞻中进取

在日益有效的市场中，怎样获取超额收益？我想具备前瞻性的眼光是必不可少的。在行业配置上，我们也力求能做到良好的前瞻性，例如消费行业的升级趋势、TMT（数字新媒体产业）领域的发展方向、医药板块的优中选优。现有的龙头固然可以继续扩大份额，那市场上是不是存在能够成为未来龙头的新标的呢？这些都需要用前瞻的眼光去发现，也需要踏踏实实地做好研究工作。

其实投资更应该被看作是一条长期的征途，在逐渐成熟的市场当中，希望基金投资者能与我们一路成长，不畏波动，坚守长期价值投资理念。能在投资路上与你相遇，我们心怀感激，对于每一份信任，我们定将竭尽所能，不负重托！

长安基金／陈立秋

投资如登山，价值投资才是正确途径

大家都很熟悉"龟兔赛跑"的故事，乌龟之所以能赢，不光是因为兔子的自负，更重要的是乌龟"虽慢但稳"的坚持——投资亦是如此。我所坚持的价值投资，是一个慢且稳的过程：不追求短期的惊人涨幅，力求长期稳定的回报。从过往业绩来看，在市场好的时候，我管理的基金未必能比指数涨得多很多，但在熊市里，我控制回撤的能力会略微强一些，这样就能控制亏损，形成良性循环，慢慢累积出较高的长期收益。

"市场短期是一台投票机，但长期是一台称重机"，正如格雷厄姆所言，从价值投资的角度来看，短期赚的是市场波动的钱，而长期只能赚公司业绩增长的钱。真正的价值投资是以控制风险为前提，同时取得长期绝对收益的投资。其中，最基础的是估值，在此前提下，再选择好公司。所谓"好公司"，主要看其竞争力和赢利能力以及公司未来的发展；"好公司"不仅目前质地优良，未来也要能够保持"持续而稳定的成长"，其中包含的重要因素有估值低、成长性好、具有竞争壁垒等。

价值投资知易行难。2016年以来由于价值股的市场表现远好于其他类型的个股，价值投资逐渐盛行，这对于整个A股市场当然是好事。但我们也要看到，真正的价值投资实践起来困难重重，当价值股表现好的时候就做价值投资，那么其表现不好的时候你是否还能坚持？这是值得每一个目前奉行价值投资的投资者好好思考的问题。

虽然未来的市场仍旧充满不确定性，但我们认为随着改革的深入，我国的经济环境将变得更为稳定，结构将更为健康，发展持续性增强，在这样一个环境之下，企业的盈利也将趋于稳定和持续。因此，A股市场有望迎来较长时期持续稳定的"慢牛"行情，消费、医药、科技、金融、高端制造有望取得长足发展。

对于普通投资者来说，由于市场环境复杂多变，与其自己在复杂环境中独自探索，还不如找一个熟悉环境的"好向导"带你一起前行。而一个在资本市场活下来的老兵，可能是最好的向导，所以，投资基金，对投资者来说是一个不错的选择。

中欧基金／曹名长

探路成长

把握黄金平衡点，看好泛消费前景

2018年，在各种因素的影响下，市场不时涌起"不确定性担忧"所带来的波动浮沉。"不确定性"是资本市场最基本的法则之一，犹如山岳一般古老。在任何时点，我们都要面对风险与机遇的交织；在任何环境，我们都要进行疑惑与坚定的抉择。我敬佩王阳明先生的思想深度和行动力，守本心、致良知，唯有知行合一才能带领我们走出困扰的泥潭。

戒贪得胜，重视绝对收益

"围棋十诀"的头条便是"不得贪胜"。棋手首先要追求行棋厚实，耐心沉稳，每一步都恪守"不得贪胜"的准则。听起来略显沉闷，但正是这份"守拙"，往往会在关键时刻释放巨大能量。投资亦如是，稳健厚实的绝对收益是一切可能的基础。如何做到绝对收益呢？控制好回撤，努力积累安全垫，遇到能力圈范围内可把握的机会，主动出击，合理的收益就有望水到渠成。

价值投资：致广大而尽精微，极高明而道中庸

价值投资其实很简单，买入好公司并共同成长；价值投资其实又很难，不仅要看得准，也要买得合理，更要拿得稳。难与不难的区别在于，我们能否把握"公司、价格、时间"三者之间的黄金平衡点。

第一，长线纬度的好公司应是为股东创造价值的公司。它可以是细分行业的龙头，可以是新兴产业的阶段性赢家，也可以是财务报表稳健、现金充沛、应收账款管理得当、具有核心竞争力的蓝筹公司。随着互联网化和大数据化向各个领域的渗透，龙头公司"赢家通吃"的现象有望更为普遍，后进公司的胜率也许会越来越低。

第二，估值要匹配公司的成长性。大多数时候，好公司不会太便宜，但即使是好公司，买得贵可能也不是好股票。公司虽好，在市场情绪高涨时追高买入，很容易心态不稳乱了节奏。

第三，价值的精华需要时间去洗涤。"辨材须待七年期"，经过雨打风吹、接受过市场和投资者长期考察和检验的公司才是基业长青的标的。同时，长期并不意味着拿着不动，也要随时根据行业动态、竞争格局、公司动态和预期的变化而调整。

方向篇
——探路成长

于高地见未来——看好泛消费前景

我们之所以感到迷惑，对投资方向无所适从，是因为我们淹没在头绪繁杂的"万念"之中。如果我们站在周期的"一念"高地，让历史回答未来，投资中的很多困惑都会迎刃而解。

过去40年，中国处在一个前所未有的上升周期，放眼全球历史，亦是罕见。当前，我们又到了关键时期。国内方面，金融政策在防范金融风险和支持实体经济融资之间权衡；国际方面，国家战略在博弈与合作之间寻求突破。中国经济发展的内生动力，会迫切推动新旧动能切换——从投资出口型的增长向内需消费型增长过渡。

中国市场主体韧性强，国内的消费市场既有深度又有广度，特别是随着科技创新、消费升级带来的半导体、人工智能、新能源、5G（第五代移动通信网络）、教育、旅游、中高端品牌消费品、保险、电商等行业方兴未艾。横向对比，目前A股中服务、科技和消费行业占比与发达国家相比仍然很低，这些行业的发展能够为经济发展提供长期稳定的动能，预计市值占比将不断提升。综合以上，目前我更愿意在泛消费领域寻找超额收益。

公募基金风雨二十载，价值投资深入人心。对于价值投资者而言，市场严冬之时，正是希望之春即将来临之际；市场方向未定，犹豫不决之时，正是我们坚定信念，着眼长远，勇敢向前的最好时机。

南方基金 / 史　博

投资遵循一胜九败规律，只有极少数能跑赢市场

中国证券市场对于股民来说是"大起大落"，但持有公募基金的整

体收益还不错。基金投资，降低了老百姓理财的门槛，但基金投资回报又是市场环境、管理人专业能力和投资者交易行为综合的结果。如何规避风险，提升基金投资回报？

投资：复杂的决策体系、简单的评估标准

投资决策其本身具有复杂性，投资人需要累积一套属于自己的决策体系。这种体系的搭建既需要研习历史又需要放眼中外，既需要仔细观察又需要精确思考。

近几年"价值投资"备受关注，从什么是价值投资、A股是否适合价值投资的大问题衍生出诸如价值投资是否就是买入并持有而不顾中间的波动，如何平衡低估值、低成长的公司和高估值、高成长的公司等一系列问题。投资者往往面临价值、成长和周期的选择困境。其实价值投资不需要"标签化"，也不需要"非此即彼"。

价值投资，其唯一的衡量标准是长期价值高于买入的价格。从个股到组合，影响买卖的标准就是价值与价格的比较，而业绩是价值不断兑现的基石。我们所使用的决策工具和决策体系都服务于对企业长期业绩的判断，因此组合收益是需要时间慢慢体现的。

专注聚焦、追求良质

主动型基金经理的参照系是指数基金。一个客观的事实是：只有极少数主动型基金能够跑赢指数，清醒地意识到这点便会对市场充满敬畏。巴菲特的成功证明了集中投资而获得超额收益的可行性，但集中投资对于主动型基金经理自下而上的研究能力要求是极高的，恰如股神所言："把鸡蛋放在一个篮子里并且看好它。"

企业的创业和发展最终是一胜九败，我想投资也会遵循这样的规

律。作为主动型基金经理，我们在投资的时候首先要学会说"不"，市场每天传递着的各种信息和投资机会看似"热点"实为"陷阱"；其次，专注于自己擅长的领域并将其发挥极致，我们相信一万小时定律也相信二八法则；最后，也是最重要的，主动型基金的长期收益取决于组合资产的质量，在足够大的行业里寻找数一数二的公司是组合质量的保障。对于中国市场来说，消费、医疗保健和互联网等都是足够大的行业，能够在任何一个领域做深做透都会有不错的回报。

对未来有信心，对当下有耐心

对于大多数持有人来说，投资基金是希望能够获取持续稳健的收益，让家庭资产得到保值升值。回顾 A 股市场 20 年，牛短熊长让市场参与者倍感挫败。近期市场创下了两年新低，对所有市场参与者信心打击不小。但仔细复盘，我们仍然在指数之外看到了为数不少的一批成长性在五倍、十倍甚至百倍的股票，即使内外宏观环境、产业政策多变，A 股市场也始终存在结构性机会，存在自下而上的投资机会。我们认为中国经济的发展前景依然光明，新兴产业的发展空间依然广阔，优秀公司的核心竞争力并没有发生改变，当前 A 股估值处于历史偏低的位置，长期的机会大于风险。

最后，我想说的是在投资领域唯有"看得更远、思考得更深入、持有周期更长"，才能真正体验到"时间"的魅力。持有人可以选择契合自己风险承受能力的基金，通过定投的方式来分享中国经济发展的红利。作为基金经理，唯愿尽己所能，为持有人创造价值，为普惠金融贡献一份力量。

银河基金／杨　琪

中美百倍牛股的共同点

时光荏苒，中国公募基金业已在风风雨雨中走过了 20 年，这 20 年也是 A 股市场从无到有、中国经济由弱到强、改革开放不断深化的 20 年。20 年来，A 股市场尽管经历了多轮牛熊，但每一轮周期都让投资者累积了宝贵的投资经验，很多优秀的企业也真正做到了穿越牛熊，为投资者带来几十倍甚至上百倍的丰厚回报。感恩时代，让我们对投资从一无所知到逐步建立体系，从跟风炒作到注重基本面研究，中国投资者用 20 年时间实现了飞跃式的成长。

基本面研究是价值投资的基石，也是我一直以来坚持的投资理念。从中长期来看，股票价格永远围绕企业内在价值上下波动，一旦发生大幅偏离，必会带来相应的投资机会。具体时点上的公司市值对应的是当时市场对企业基本面的综合判断和预期，往往与企业的真实价值并不一致。价值投资者需要对企业的治理结构、行业地位、技术壁垒、财务指标等多方面进行全面研究，力图认识企业的真正竞争力所在，结合专业的分析方法判断企业价值，并基于此构建投资组合。

优秀的公司从来不会被资本市场埋没。美股如怪物能量饮料（Monster Energy）、网飞（Netflix）、苹果等细分行业龙头近 20 年来累计涨幅均超 200 倍；H 股如中国生物制药、腾讯、银河娱乐等公司近 20 年涨幅亦不低于美股龙头；再看 A 股，贵州茅台、恒瑞医药、格力电器等白马股近 20 年累计涨幅也超过了 70 倍。这些企业的共同特点是，将产品、品牌、渠道等优势发挥到极致，构建出深厚的护城河，进而成为各自行业的绝对领导者。投资者则通过基本面研究发掘出这些优质企业的

方向篇
——探路成长

长期价值，实现了长期超额收益。

从更深的层次看，企业股价和收益率的变化也反映了整体经济发展的轨迹。从美股历史看，20世纪六七十年代，资源类、工程类股票占据涨幅榜前列；进入八九十年代后，以盖璞（GAP）、雪佛兰、沃尔玛为代表的消费类股票崛起；而21世纪后，以谷歌、亚马逊为代表的高科技类股票受到追捧。A股方面，近20年来居涨幅前列的股票中，超过半数为传统消费品企业，而近10年来涨幅靠前的股票中，出现了诸如通策医疗、科大讯飞等服务类、科技类公司。上述现象均表明资本市场准确抓住了引领经济发展的方向，通过对企业微观基本面的分析有助于把握宏观经济脉络。

近期以来，面临着内部去杠杆带来的违约风险、外部贸易摩擦带来的潜在威胁，很多投资者对中国的未来表现出了担忧。投射到证券市场上，2018年上半年来指数最大跌幅达25%，这充分反映了投资者对中国经济的悲观预期。然而站在当下时点，我认为可以适当乐观起来。

从宏观层面看，目前中国的GDP增速仍在6.5%以上，即使考虑最悲观预期，经济降速至6%以下，中国依然是全球经济发展最快的国家之一，全球第二大经济体的地位不会改变。中国的金融体系并没有因为去杠杆而遭到实质性破坏，相反，去杠杆阵痛期过后将带来更加健康可持续的投融资体系。中国在全球制造业中的分工地位并没有因为贸易摩擦而发生本质变化，与各国的贸易合作亦不会被打断，贸易摩擦的持续影响可能没有想象的巨大。从全球经济发展的长期趋势来看，我们完全没有必要对短期遇到的问题过度悲观。相信中国经济增长的内生动力仍在，"工程师红利"将引导中国制造业的持续升级，"美好生活"下人民消费水平将持续升级，中国龙头企业的世界地位将持续提升，经济整体附加值亦将持续提高。一旦经济发展的短期问题得以解决，中长期持续发展的确定性将显著提升。

从资本市场层面看，A股以加入MSCI指数为标志，进入了全新的历史阶段，我们正在加速融入全球资本市场。具有国际竞争优势的细分领域龙头公司受到越来越多的投资者认可，价值投资成为风口。经历了2018年上半年超悲观预期的打击，目前市场整体估值已经接近历史低点。如果相信中国经济的未来，当下正是潜心研究的大好时机，建议关注公司治理优秀、具有确定性成长和良好现金流的公司。相信A股市场会有一批历经风雨继续壮大的优秀企业涌现出来，能够在未来为投资者带来丰厚收益。

长江资管／徐　健

评估潜在的收益空间，看重个股的"性价比"

与公募基金20年的历史相比，从业6年的我仍然是一名投资新兵。我常常在想，怎样才能不辜负投资者的期望？对我来说，能够在整个市场狂热的阶段中找到真相，是投资中最重要的事情。也就是说，离狂热要远，离真相要近。

都知道要"在别人贪婪时恐惧，在别人恐惧时贪婪"，但实践起来非常困难。在很多关键节点上，投资是一件特别反人性的事，因此要在实践中知行合一是非常困难的。在我的从业生涯中，也经历过很多次理智与人性的激烈战斗，而让我最终能够远离狂热的，按照我的总结，大约在于以下两条经验。

第一经验是通过一套成熟、科学、严谨的流程来保障我们整个投资过程，避免人性的弱点。比如汇丰晋信目前正在使用的以 PB-ROE 模型为基础的选股流程，能够动态地评估基金可投资范围内所有个股的 PB（平均市净率）和 ROE（净资产收益率）的匹配度，帮助我从市场资金的博弈和炒作中跳出来，从价值的角度出发去找出那些最可能被市场错误定价的个股来进行研究，并在此基础上纳入投资组合当中。PB-ROE 投资流程能够帮助我构建风险收益比最优的投资组合，持续地跑赢市场和业绩比较基准。

除了依托科学严谨的投资模型，我的第二条经验在于，在熟悉的领域、既有的投资能力范围内，往往更容易做到知行合一。因此，投资首先应当专注于自身擅长的能力范围，并通过不断的学习、体验来扩大这个范围。对于暂时没有研究清楚的领域，即便机会诱人，也要谨慎对待，切勿盲目跟风。

除了远离狂热，如何发掘真相同样重要。而我在汇丰晋信学会的重要一点，就是要始终关注价值的本质而非表象。

什么是价值的本质？在我看来，就是由公司的资产质量，以及由其行业地位、经济环境所决定了的该公司的未来长期收入和盈利，通过适当的贴现得出现值，再跟当前市值相比较，最终得出个股的潜在收益空间。这个潜在的收益空间就是投资价值的本质。所以落实在具体执行上的时候，我会特别去关注上市公司盈利的可持续性，也就是我们常说的"护城河"。对于那些缺乏"护城河"的企业，它们的高盈利往往不可持续，企业在整个生命周期内的潜在收益空间可能没有市场预期得这么高，这时候就要特别当心被高估的风险。

谈到风险，汇丰晋信的 PB-ROE 投资流程特别看重个股的"性价比"，即关注同等风险下我们所能获得的潜在收益，这一点对我的投资风格产生了很大影响。在近几年的投资当中，我不但会关注个股的潜在收益空间，也会去关注个股的风险调整后收益。很多时候，市场上的"明星股"虽然未来仍有很高的成长性，但因为它们的价格已经很高了，未来继续上行的空间就会比较有限，反而下跌的可能性和空间会比较大。在我看来，这样的公司虽然质地好，但是性价比就未必高了，如果遭遇市场或者行业调整，很可能让投资者损失惨重。因此我会更关注那些非明星行业的子行业或公司，在其中寻找基本面稳定，同时由于周期性因素或短期因素而在估值上出现洼地的个股，这样我就能以很便宜的价格买到优质公司的股票，享受上市公司业绩和估值双升带来的收益，同时也不用承担很高的下行风险。

说完了价值的本质，那什么是表象呢？就是股价、市盈率等短期指标。这些指标可以是我发掘价值本质的工具，但若是仅仅把这些指标看作价值的全部，那未免本末倒置了。例如很多投资者会把市场上的上市公司做标签化处理，把大盘蓝筹股等同于价值投资，或者把价值投资和成长型投资看成是针尖对麦芒的对立关系，我对这些观点都不太赞同。价值投资并不涉及具体的股票类型，最为重要的是资产的质量、错误的定价以及未来预期的确定性。表象会随着时间的推移而发生改变，但永远不能忘了投资的本质，即要看清价值的真相、寻找潜在的收益空间。

投资就像人生，充满了不确定性，但我始终坚持，只有对真相的执着，才能帮助我拨开市场的迷雾，寻找到通往价值的唯一道路。因为我知道，古今中外，市场对于真正的价值投资者，从来不吝于奖赏和回报。

汇丰晋信基金／是星涛

方向篇
——探路成长

短期博弈是一种"熵",长期只能赚价值的钱

时光荏苒,转眼间中国公募基金业已经迈入第 20 个年头。自己进入公募基金行业至今也已有 10 年,其间经历了牛熊震荡、周期轮转,所幸一直深深热爱着投资这份事业,更从中体味到很多的乐趣,也诚挚感谢所有持有人长期以来对我们的认可、支持和包容,大家沉甸甸的信任也将持续转化为我们的前进动力。

如何理解投资这份事业?在我看来,好的投资的确需要时间和耐心,更需要一些坚持与坚守。作为坚定的价值投资者,我们始终坚持价值的选股之道。我们的投资收益主要来源于以相对便宜的价格买入我们看好的优秀公司。在此过程中,这些优秀公司盈利的持续增长能够帮助我们赚取双重收益:第一,在优秀上市公司业绩持续增长的过程中,公司本身的内在价值会随着时间推移不断提升,我们会分享优秀公司的成长成果;第二,当股票价格向下偏离上市公司内在价值时,股价回归价值的过程会给我们带来第二重收益。

我们坚持充分研究公司,包括商业模式、竞争优势、成长空间、行业格局,结合估值水平,注重安全边际,选择低估值的价值股和合理估值的成长股。总结成一句话就是:"好公司、好价格,买入并持有,赚钱是大概率事件。"

我们坚持自下而上精选个股,同时保持股票储备广度与深度一流的竞争力,在分散投资和收益获取之间、净值回撤控制和中长期业绩之间,争取取得卓越的平衡。

我们坚持"做时间的朋友"。资产配置和资产增值是一项长期的、

严肃的工作，它就像一场长跑，想跑得更远，既取决于速度，也取决于时间。我们不过度关注一个月或者一个季度的涨跌，把宝贵的时间和精力都放在研究公司上。这些年来，我和团队保持着每周拿出2~3个完整的下午讨论公司的商业逻辑，在重点的地方进行刻意的、长期有效的坚持。正是这种坚定与踏实，帮我们选到了好公司，并且一同赚到了企业发展后的利润，而不是赚取股票买入和卖出的价格差。

2018年是公募行业20周年，也是行情颇为震荡的一年。"兵无常势，水无常形"，这是我对市场的理解。因此我们淡化择时，更注重在跌宕起伏的行情中为持有人寻找到每一只能够带来回报的"便宜好股票"。价值投资的运用之妙存乎一心。在我们看来，市场短期是无效的，长期是有效的。作为一个整体，长期而言只能赚企业利润增长、价值实现的钱，题材与资金博弈的纸面财富只能是一种"熵"——贡献了市场热度，贡献了税费，减少了价值。

正如一年有四季，冬去春来、夏末秋至。冬天孕育、春天播种、夏天生长、秋天收获，这是万物生长的规律。投资其实也一样，虽然不像一年四季那么精确，但历史也反复地证明了投资周期性的存在以及理性投资、长期投资的重要性。

安信基金／陈一峰

杜邦拆解发现好公司，坚定"收藏"滚雪球

从1990年上海证券交易所开业至今，已经过去近28年了，而整个公募基金行业自1998年以来，也走过了自己20年的风雨历程。我在

方向篇
——探路成长

2001年进入证券行业时，适逢第一只开放式基金产品开始募集，当时作为行业新人接受媒体采访时曾说，未来A股市场将是公募基金的广阔天地，而当时心中也默念：要把为普罗大众理财作为自己的天职与使命。却也未曾想到，走上公募基金经理岗位，转眼已经是14年之后了。

A股市场这28年，公募基金行业这20年，无数前辈为了给时间以价值、给持有人以回报，都上下求索，辛勤付出，留下了一批具备优秀业绩的基金公司及基金产品。然而时下又与历史上各种艰难时刻相似，公募基金又一次面临市场的波动与业绩的考验，还有投资者的信心与信任的再次考验。

当我们面对眼前的困难时，除了长期乐观的勇气之外，我们也仍然期望从历史回溯中找到力量。当我们回望市场的表现时，很容易被几个代表性指数的表现蒙蔽，得出市场回报微弱的结论，而当我们把目光聚焦于优质公司组合时，情况又有显著的不同。带来长期优质回报的公司，仍然处于长期中高回报的轨迹之上。

比之市场的成熟进程，当前A股市场中仍处于各种投资与投机理念混杂的阶段，思想观念的差异时时带来定价的混乱和市场的无效。而在公募基金领域，大家所使用的千差万别的策略也是如此，看似每样策略都有一定道理，听起来可以赚到钱，而当我们细细思考，把各种策略的盈利和回报概率放在更长久的时间框架之下时，我们会发现长期有效的策略出现了快速的收敛，而当时间期限放大到未来数十年，可能有效的方法仅剩下被巴菲特的伟大实践所印证的价值投资这唯一一条路上。这条路实际上已经脱离了我们无休止的价值与成长之争，以持续而强大的复利印证了一整套有效的方法与体系。

公募基金作为中国资产管理行业中的一个年轻行业，短中期内看似经营的是与投资者之间的信任关系，而长期来看，决定公募基金最终命运的，是管理的产品所投资资产的优劣程度。

价值投资作为一种理念或策略，信奉它的人所坚持的原则实际上概括起来简单易懂——"以合适的价格收藏好的公司"。这样的信条似乎过于宽泛，每个人的理解和践行常常显得随意而草率。当我们严格界定好的公司的筛选标准，以长期稳定的高净资产收益率为核心指标，通过杜邦拆解到净利润率、总资产周转率、权益杠杆乘数，并把握三者的每一部分在一家公司赢利能力中的构成和所体现出来的经营事实，进一步可以探寻到每一部分指标突出代表的竞争能力，和其所代表的优质公司的典型，从而不断钻研这些公司的数据、事实及逻辑，构建对于这些公司整体的认知框架，最终通过长时间的跟踪与检验，得到"好公司"这一不轻率的结论。

而何为"合适的价格"？并不是估值越低越好，或者以所谓常识性的20倍市盈率这一把尺子丈量所有，因为我们正在见证一批优秀的公司，在长期估值维持在一个特定水平阶段，跨越十几年和几轮牛熊考验，仍然贡献出了年化复合回报远超过社会必要回报率与市场平均回报率。这种现象背后，我们通过反向思考可以得出特别优秀的公司长期难以被任意时点的市场充分高估的结论。而真正合适的价格，恐怕要我们去穿透历史和未来，找到足够长时间内的隐含回报率才能精确判断了。这种事情当然是人力所不能及的，但是我们基于当下的情况大致判断一家公司的质地，从而推及这是否是足够黏的"雪"，以及是否滚在足够长的"坡"上，才是重要而有意义的。再考虑"收藏"这种行为，更是考验心性，长期持股要依赖信念的坚定。

"靡不有初，鲜克有终。"如何在基金经理的生涯中坚持价值投资、长期投资和责任投资呢？最主要的就是不要去做所谓不寻常的事情，和所谓高难度的判断，不去试图跨越投资中的"百尺高栏"，而是坚持把

方向篇
——探路成长

朴素的道理加以不倦怠的更深的思考和更远的践行。换句话说，公募基金投资的所谓平凡和中庸之路，大概是指在平凡的事情上，付出不平凡的努力和坚持，才能得以成就——或许，这也是唯一的答案。

东方基金／许文波

价值投资包含两个层面，未来将展开价值成长行情

不知不觉中国的公募基金已经20岁了，从0到12万亿元的规模，公募基金为中国证券市场机构化做出了巨大贡献，并且这一趋势是不可逆的，未来还将继续壮大，中国的公募基金依然朝气蓬勃。

从欧美发达国家的证券市场历史来看，其机构化率达到了80%以上的水平，这意味着我们还有很长的路要走。从我的投资观来讲，我一直认为资本市场的一个重要职能就是要起到优化资源配置的作用，把资本配置到优秀的上市公司身上，让它为社会产生更多的财富，并以此来回馈投资者，显然这一职能要靠机构投资者来完成，大幅度提高机构化率是我们这一代投资人的使命。

回顾2000年以前的中国资本市场，从"老八股"到深圳本地股，从炒作题材股到坐庄，散户化特征明显。进入21世纪以后，随着公募基金的大力发展，价值投资理念开始逐步扩散，根据基本面研究来对股票进行定价逐步得到投资人认同，"到K线图背后做研究"成为一种流行语，而后的2007年大牛市使得公募基金规模得到了前所未有的膨胀，至此公募基金开始拥有了一定的证券市场话语权。

不仅如此，近年来又有了一些新的变化，随着陆股通的发展及资本

市场的进一步开放，中国公募基金的国际化水平也得到了大幅度的提升，从QFII（合格的境外机构投资者）和QDII（合格的境内机构投资者）的双向交融，延伸到沪港通和深港通的开启，国际化的投资理念和定价方式进一步得到认同，估值方法也更加成熟，特别是2017年的一波蓝筹价值股行情，更是使得价值投资理念深入人心。

过去20年，公募基金在整个机构化进程中起了举足轻重的作用，运用合理的估值方法，甄选优质的上市公司构建投资组合，成为大多数公募基金的投资方式。

我做投资十余年，时常会设想这样一种情景：公募基金通过买入低估的优质资产，并且逐步向合理的估值靠拢，最终使得价格趋近于价值，优质公司可以用合理的市盈率募集资金，并且把资本开支继续投向优质项目，使资源合理配置到了优秀管理层手中，进一步为投资者创造了财富，股价也随着价值增长而进一步攀升，这样一种良性循环才是资本市场的本质。

在我的投资框架里，所谓的价值投资，并不是单纯地指买大盘蓝筹股或者白马股，它其实至少包括两个层面的含义。

第一是股价明显低于上市公司基本面形成了价值低估，带来了低位买入直至估值恢复合理的投资机会，投资者赚的是"静态估值差"；第二是业绩增长确定性较强的优质成长股，虽然从表面上看静态市盈率不低，但是放在中长周期来看，其动态市盈率其实是偏低的，布局此类个股，获取的是上市公司持续成长的价值。

在我看来，2017年市场所呈现的价值股行情，可以被认为是实践价值投资的第一种形式。然而站在2018年的这个时点，应该是实践第二个层面价值投资的开始，部分优质成长股已经具备相当大的吸引力，市场有望迎来价值成长行情。

方向篇
——探路成长

我认为，短期涨跌不是问题的核心，关键是要评估风险变化带来的影响，分析组合是否具备安全边际。如果持仓股低于安全边际依然下跌，表明潜在回报在上升，此时反而应该加仓；相反，如果持仓股恰逢市场热点，短期涨幅过高，表明潜在风险在上升，反而应该减仓操作。这既是我的投资思路，也是我做投资的纪律。

"忆往昔峥嵘岁月稠。"中国的资本市场虽经历二十余年发展，但仍难以称得上成熟与完善。我相信随着公募基金的深入发展，机构化率的进一步提升，价值投资理念终将为广大投资者所接受，资本市场的定价权也最终将被机构投资者牢牢把握，从而为资源的有效配置铺平道路，增进整个社会的福利！

东吴基金／程　涛

基于两个层次挑选创造价值的好公司

如今，公募基金已然成为大众最放心、最便捷的财富管理工具之一，不仅深受投资者的信任，更在投资者心中树立起专业、有公信力的行业品牌形象。

市场在变化中不断成长，如今已慢慢进入了更加成熟开放的时代。这几年，经济环境及产业内部结构发生了比较大的变化。从过去几年的宏观数据来看，之前高增长的制造业、房地产和基建等行业逐渐被占据中坚力量的大消费替代，产业结构进一步趋于成熟。同时，在制度层面上，监管部门持续完善和规范资本市场相关制度，随着上市审核制度、退市制度、定增、并购重组等制度的逐步落地，将有利于加强资本市场基础性制度建设，防控系统性市场风险。2017年以来，沪港通、深港通资金净流入集中买入低估稳健白马股带来明星效应，长期机构资金不断进入市场，扩大了影响力，也改变着投资者结构。

未来，随着MSCI、沪伦通、养老金保险等长线资金陆续入市，市场定价权由于资金结构的变化会继续发生转移，将长期、持续地影响整个资本市场。当前市场已经逐步进入回归企业价值的投资环境中，未来或将是专业的理性投资人的最好的时代。公募基金只要能够给客户提供好的产品，能够给客户创造持续稳定的收益，将来就仍然是理想的资产管理方向之一。

从长期来看，投资者收益本质来自企业盈利的增长，而价值回归是克服短期波动的基本常识，寻找具备稳定可持续性赢利能力的优秀企业是已被长时间证明过的获取超额收益的方法。基于此，我们通过挑选出可持续创造价值的好公司来构建核心投资池，主要标准基于以下两个层次。

一是通过定量的财务指标进行筛选。比如对企业过去的营业收入和利润的增速、ROE、现金流、融资及分红等多项指标筛选比较，其中核心指标为ROE和现金流。ROE决定了利润再投资后企业的潜在成长增速，对利润率、资产周转率和杠杆率的构成分拆也能很好的反映不同企业的商业模式以及未来盈利增长的来源，而现金流则补充了企业的真实资产质量水平，能够很好地辨别增长背后的质量，淘汰掉伪成长和潜在的风险敞口，比如通过高企的应收账款支撑起来的高增长企业。

二是更深层次地思考分析各个行业运作模式、行业竞争格局、行业发展空间、重点公司的行业地位、竞争优势来源，以及是否具有延续性、公司治理结构以及企业家精神等。通过对财务数据跟踪与公司竞争优势进行分析，则可以进一步加深我们对公司的理解和判断。企业的价值评估本质为未来现金流的折现总和，核心在于对企业生命周期的长度和增长空间的判断，这也是为什么生命周期足够长的食品饮料企业（如可口可乐）可以给予估值溢价。我们基于企业生命周期长度、业绩增长速度、确定性概率的判断构建核心股票池的估值体系，通过与其他资产类别进行纵向比较，与股票池企业的风险收益比进行横向比较，构建投资组合。我们相信以合适的价格买入具备持续创造价值能力的优秀企业股票，等待优秀企业带来的稳健回报是大概率事件。

对公募基金管理人而言，发挥自己的优势，为投资者设计出更好的产品、创造价值是一切工作的前提和根本。

德邦基金／黎　莹

估值历史低点，正是价值投资最乐见的机会

投资者伴随着公募基金行业共同成长，也越来越趋于成熟，越来越多的投资者能够了解自己的风险承受能力和投资目标。

在这些年从业的过程中，我越发深切地体会到，资产管理公司更应当深入了解投资者的风险承受能力和投资目标，并为之提供风险相匹配的基金产品，以投资者适当性为原则，才能让投资者放心持有、长期持有。

在过去的一段时间中，每每与机构和渠道投资者交流时，我经常会被问及一个问题：如今的投资理念和操作和我初任基金经理时有什么不同？这个问题让我沉思良久。从事公募基金行业多年，经过A股市场的反复打磨，我的投资经验日益丰富，不仅大大弥补了早年部分短板行业

的投资研究能力，抵御市场波动风险的能力也明显提升。然而细细想来，最根本的变化却是：对投资的认知和理解的升华，尤以对资产管理行业投资目的的认识为首。

回想早年最初任职基金经理时，受行业内考核以产品业绩排名为主的影响，便一心怀抱着把基金业绩排名做到市场前列的目标。然而随着行业经验的丰富和沉淀，通过和各类投资者的沟通和交流，我渐渐发现自己不再单纯地追求基金业绩排名，而是更多地去追寻资产管理行业的初衷。在这个行业中，如何做到不忘初心？我认为，作为一名有担当的资产管理行业从业者，其目标应当是：在投资者可承受的风险范围之内，帮助投资者取得他们预期目标的投资收益率。若是一味单纯地追求基金业绩排名，无形之中不自觉地会在管理资产组合时放大了一些原本投资者不应承担的风险，这样所取得的业绩排名很多时候都是以加大投资者风险为代价的。

2018年5月31日，在我管理的产品永赢惠添利成立时，恰逢6月份A股市场大幅下跌前夕。在管理该产品时，我不会去博取短期排名，而是同时兼顾投资组合的风险管理与投资组合收益的确定性。在整个基金封闭期的建仓过程中，内心虽有忐忑，但也格外坚定。忐忑是出于强烈的责任感，我们不能辜负投资者对于公司首只主动管理权益类产品寄予的厚望，哪怕出现短期的业绩大幅回撤也会让我们心中不安。但同时我们又格外坚定，坚定依靠的是专业的判断。此时A股市场的估值水平接近历史低点，而这三五年难得一见的A股估值历史低点再次临近时，我们为何不去珍惜？

此时中国经济虽面临短期的信用债违约风险和贸易摩擦风险，但整体金融体系并未受到破坏，相信宏观调控政策有能力和空间来对冲短期风险，因此我们仍能在宏观经济整体平稳的情况下找到很多盈利增长较快的行业和公司，为我们带来稳健的投资收益。估值便宜，盈利增长稳健，这正是价值投资者最乐于见到的投资机会。

在见证了市场的风云激荡后，在做投资时反而能保有一颗平常心。在对市场怀有敬畏之心的同时，我也坚信一直以来的判断，当前 A 股市场是价值投资的黄金区间。不博取短期的投资收益，坚持长期稳健投资，努力为投资者带来长期稳健的投资收益，才是对投资者负责的态度。

永赢基金／李永兴

方法篇

主动管理

拥抱"原则",穿越惊涛骇浪

在理想与现实之间,在永生与凋亡之间,如何寻找投资的胜利之钥,实现自己的理想与意志,成就有价值的人生?

我曾经孜孜以求去寻找答案,直到看到达利欧的《原则》一书,如醍醐灌顶。"原则"是人生的内核,我们或许未曾将它撰写成书,它却一直在指导着我们的行为,明晰决策,实现成长。回顾12年投研历程,在荆棘中试图寻找方向,在顽矿中试图炼取真金,而所得却是那么简单。

(1)理念与方法。要尊重规律,坚守在历史长河中被不断地重复的、多样本的、被证明过的投资理念和方法。以此为锚,我们建立了投资的基本理念和方法:第一,精选数一数二的行业和个股;第二,研究领先;第三,严谨、保守、不以市场短期情绪波动为前提的、基于中长期的估值体系。

(2)勤奋、专注,不断拓展能力圈。

(3)简单、内心宁静,对理念和方法有宗教般的信仰。

"不知近水花先发,疑是经冬雪未销。"我们期待在市场恐慌中挖掘价值,在市场迷雾中沉心未来,为持有人不断创造收益。

"原则"同样也可以适用于基金与持有人。一段亲密关系开启于信任,而能一起走多远则取决于一致信念。持有人持续稳定获取收益的美好愿望,往往与惊涛骇浪般的市场之间显得矛盾重重,而一致的"原则"将有助于更好地实现投资目标。

(1)长期与短期。我们可以轻易地举出很多市场如惊涛骇浪般的例子,2008年的金融危机、2015年的股灾、2016年的熔断制度失灵,以及最近的某些股票的多个跌停。

即使是历史上的大牛股,如腾讯上市13年间股价上涨近600倍,如果以"月"为频率,K线是一条笔直向上的直线,当我们将频率调整为"日"时,K线中的"坑洼"就会暴露出来,单周调整幅度大于10%的超20次,甚至曾半个月连续调整20%以上,看似完美的K线其实也并不完美。

如果我们将投资看作一场长期航程,那么我们看到的是一条平滑的曲线;当我们关注短期收益时,那么在放大镜下任何一次调整又都是惊涛骇浪,并可能让我们半途而返。投资要看得长远,关注长期回报,不要用放大镜看K线图。

(2)收益与波动的关系。从长期来看,盈利驱动股市上涨;从短期来看，波动却是收益的来源。过于关注短期收益，无法接受短期波动，也就丧失了获取长期收益的机会，这是片面的投资观。

（3）记住投资的原因，而非成本。过分关注成本很容易让我们迷失在 K 线里，而忘记投资的初衷。

对持有人，我们心怀感恩。这种深切的感恩之情，不待以后水静心闲、笑看花开的日子，只在工作中的日日月月，在决策中的心心念念。我们当不负这殷切的期望，沉甸甸的信任，以理念领航，以勤奋作桨，穿越这些惊涛骇浪，给持有人创造长期的良好收益，这是我们工作的意义和内心的使命。

"我来问道无馀说，云在青霄水在瓶。"规律的往往是简单的，简单的往往是长久的，长久的往往是很难坚守的。市场或风和日丽，或惊涛骇浪，在其中航行的我们，既要听得惯风的温柔，也要听得惯风的怒号，相信只要记住"原则"，必能到达彼岸。

鹏华基金 / 王宗合

从成长中寻找最深度的价值

如果在 2015 年上半年，你说自己是价值投资者，可能有点不好意思，而到了 2017 年你说做成长投资，可能也会有类似的感受。尽管如此，我还是想说，从较长的时间维度来看，成长投资是非常有魅力的投资方法。作为最坚定的成长投资者之一，我们未来还会继续帮助投资者从成长中去寻找最深度的价值。

我们这里说的成长投资，主要是侧重于"寻找未来盈利增长较快、内在价值迅速提升、动态投资价值显著的证券"的投资方法，这种方法对静态估值的高低并不是特别关注。和成长投资相对的是狭义的价值投资，狭义的价值投资"侧重寻找价格低估的证券，不同于成长型投资，价值型投资者偏好 PE（私募股权投资）、PB 或其他价值衡量基准偏低的股票"。

当然，这两种投资方法也有相通之处：第一，它们都是受基本面驱动的投资；第二，它们都追求以低于企业内在价值的价格去进行投资。只不过价值投资要求企业静态估值也较低，而成长投资不太在意企业静态估值，主要关注动态的价值。所以，成长投资与价值投资都属于基本面投资或广义的价值投资。我们在这里的讨论不涉及对广义价值投资的评判，对于广义的投资或价值投资我们是高度肯定的。

关于成长投资，我从 4 个方面展开详述。

成长投资是最有魅力的长期投资方法之一

在 A 股市场，如果你想买一个成长性相对好一点的企业股票，假如未来 3 年 30% 左右的增长，通常要 15～20 倍的市盈率，当然市场上也有一些估值不是很高的企业，比如 5～6 倍市盈率、1 倍 PB 的企业，但它们的成长性多数较低或者未来发展存在一定的不确定性，就是说买股票想要又好又便宜很难。但是通过成长投资，我们可以找到很多又好又便宜的股票。

如果我们每 10 年回顾一下证券市场，可以发现，无论是美国证券市场，还是中国证券市场，10 年下来表现最佳的企业，基本上都是收入或盈利实现高增长的企业。

巴菲特先生最强调投资的要素之一就是复利。实际上对复利的重视就是对成长的重视，因为如果没有成长，复利的意义就会很小。一个企业，如果每年给予股东5%的红利，但是没有成长，40年下来复利只有6倍左右；另外一个企业，如果每年保持15%的增长，但是没有红利，40年下来的复利则达到267倍。所以说离开了成长，复利的意义也就比较有限。从实践角度来看，巴菲特喜欢的股票，大多具有非常好的成长性。

所以，从较长时间维度来说，成长投资是最有魅力的投资方法之一。

不仅在回报方面，在其他方面成长投资也有很好的一些特点。比如说可以使投资机构长期支持、陪伴一些优秀企业的成长，更好地通过金融支持实体经济；成长投资的投资者心态比较稳定，不用天天在市场上寻找机会、买进卖出，有利于长期投资理念的形成等。

成长投资是挑战性较高的一种投资方式

尽管成长投资的方法非常有魅力，但是不得不说这种方法是非常具有挑战性的。对于成长投资者而言，你需要对企业未来若干年的收入、盈利、现金流、资本开支等进行预测，为了做好这些预测，投资人需要对宏观、产业、企业、项目等很多方面去做前瞻性的分析与预测。

例如，在产业方面，投资人需要预测产业未来的成长空间、成长速度，产业更迭的可能性、产业的内部结构变迁、产业集中度的变迁、产业上下游的关系转变等；在企业的层面，投资人需要去研究这个企业团队方面的能力与稳定性、研发与技术的储备、开拓市场的能力、资源整合能力，以及内部的激励等方面。

除了上面提到的技术性工作的挑战，成长投资的投资人还会面临很多长期投资过程中心境上的挑战。在每一个成长投资的过程中，投资人都经常受到煎熬，因为任何一个伟大的企业，发展过程都不会一帆风顺，而是不断面临巨大的挑战，这需要投资人多次做出再判断并面临是否要调整组合的考问。在这个过程中，投资人还面临如何管理风险、管理集中度、克服市场阶段性机会的诱惑等挑战。

关于这两年成长投资在 A 股市场所面临的挑战，我们认为很大程度上是投资者把成长投资和投资成长给混淆了。在我们这个市场上，历史上 90% 以上的所谓成长投资，实际上只是投资成长或者说是成长博弈。因为在这些过程中，大多缺少对产业、企业未来若干年相对深入的分析，同时这样一些购买成长股的行为，大多很难符合投资的标准。既然不符合投资的标准，也就谈不上成长投资了。所以这两年 A 股市场所谓成长投资的挑战，实际上只是投资成长或成长博弈所面临的挑战。如果这两年坚持成长投资，还是有非常多的机会可以把握的，也能够有不错的收益。

成长投资关乎战略新兴产业发展与国家长远竞争力

对于资产管理业和投资人来说，成长投资不仅是非常重要的一种投资方式，而且成长投资的力量是否存在、是否强大，对于国家长远的竞争力也是非常重要的。国家的竞争力，尤其是大国的竞争力很大程度上取决于未来的战略性产业的发展。信息技术、生命科技、军工、半导体、航天航空、先进制造等行业的企业，大多估值较高，风险较高，资本需求较大，发展过程中面临很大的波动，它们的发展都需要成长投资力量的支持。

如果一个国家，尤其是大国缺少成长投资的支持，那么这些代表未来的产业的发展通常相对困难。如果有了长期成长投资力量的支持，则会对这些产业的发展起到很大的推动作用，除资本的支持，这些企业在战略、资源的匹配、人才的激励、商业模式的优化、阶段性困难的克服等很多方面都能得到帮助。

方法篇
——主动管理

乐观看待未来的成长投资

最后，我表达一下现在对于成长投资的观点，我对于成长投资在这个阶段是相对乐观的。

第一是技术和产业。从现在向将来展望，很多领域都有巨大的成长空间，无论是IT（信息技术）的一些新兴领域，还是生命科技的前沿方向，抑或新材料、高端制造、生产性服务等很多产业都有较大的发展空间。

第二是企业发展的生态。现在到了比较好的阶段，经过过去几十年的发展，中国涌现出了大批优秀的企业家和优秀的企业，他们引领更多的企业家与企业快速成长。与此同时，中国的人力资本、基础设施、产业配套等也日益改善，这样的环境有利于成长性企业的快速发展。

第三就是估值。经过过去两年多的调整，大量成长型企业的估值已回到了30倍以下，到2018年和2019年，部分企业的估值已变得有吸引力了。

第四是人们的心态。2015年大家不太关心价值股的时候，恰恰是投资价值股较好的时机，现在多数投资者不怎么关心成长股，也许一些优质成长投资的机遇就快临近了。巴菲特说过："在别人贪婪的时候恐惧，在别人恐惧的时候贪婪。"现在大部分投资者对于成长投资是比较恐惧的，也许这正是我们应该关心优质成长股的阶段。最后我还是强调一下，投资成长并非成长投资，成长投资所选择的应当是少数预期成长性较好，动态估值较低的优质成长企业。

嘉实基金／邵　健

以绝对收益为纲：宁可错过，不能做错

我的基金经理生涯开始于 14 年前，而我的从业生涯可以追溯到更长——2000 年银华基金筹备之时。

基金经理这个工作岗位具有极大的吸引力。从业十数年来，银华给了我足够的时间和机会，去尝试不同风格的投资品种。最开始，我管理的是货币基金和保本基金，这些固收类基金需要很细致的管理方法，基金的收益率都是按万分之几来计算。后来，我转到了权益投资方面，负责起了主动股票类基金，这类产品的波动很大，和固收类基金完全不同。现在回想起来，我是很幸福的：我管理过货币基金、债券基金和股票基金等各种类型的基金，也管理过各种规模的基金，小到 5 000 万元，大到 200 亿元，这些经历全部是我的人生财富。

基金经理这个工作岗位，外人看起来很风光，但其实压力很大。因为业绩排名压力，基金经理基本没有下班的概念。我已经习惯于随时进入工作状态，看到某条新闻，会立即思考它对市场的影响，听到某个消息，会立即思考它对公司业绩的影响。这种"连轴转"的生活状态对身体健康极为不利。经过这些年的磨炼，我越来越将关注焦点放到经风险调整后的长期收益率上，短期的焦虑减轻了，工作和家庭生活的平衡就更容易保持，长期业绩也有了更稳定的基础。

基金经理这个工作岗位，需要很强的责任心。我从业年限比较长，和普通投资者也有过许多接触。投资者把钱交给我管理，是对我的充分信任，因为这些钱可能是他的养老钱，也可能是他为孩子准备的学费。虽然我管的基金总体上为投资者赚钱了，虽然我们不能规避市场的巨大

方法篇
——主动管理

变化，但我如果让投资者赔钱了，会十分难受，我会觉得对不起投资者的信任。投资者的信任，也是我们不断前进的动力。

基金经理这个工作岗位比较吸引我的地方，是它的挑战性。正如"你不能两次踏入同一条河"，基金经理每天都面临着不同的市场，每天都会遇到不同的困难，我们需要保持好奇心，不断学习，才能不断更新自己的知识结构。年轻的基金经理在知识结构和开放性上都有明显的优势，这给我造成了很大的压力，但同时也促使我要跟上时代的节奏，不断尝试、理解和接受新事物。很多不太了解基金经理这个工作的人在和我聊天时，都会惊讶于我对他所在行业或企业的了解程度，这就是日积月累的效果。

基金经理这个岗位让人比较气馁的地方是我们总在犯错，总是收到"市场先生"的罚单。我们每做一个决策，都有可能在犯错。学费交多了，我的投资理念也逐步清晰。上市公司股票价格长期走势取决于公司的企业价值，而公司的价值又与公司保持业绩持续增长的能力息息相关。所以在工作实践中，我就树立了以持续业绩增长为驱动力的成长股投资风格。在这种风格下，我面临的最大挑战是如何判断企业的长期增长潜力。中国的 A 股市场一直都愿意给企业的短期增长以较高的估值，但短期增长可能是一个巨大的陷阱，从短期高增长转变到长期低增长，就会带来估值下滑和盈利下调的戴维斯双杀。我现在比较看重企业的护城河（包括在产业链里的地位、管理层素质、研发实力等）和所在行业的发展趋势。

稳健投资，知易行难。对于任何一个基金经理而言，不犯错本身是一个伪命题。被市场扇的耳光多了，我也学会了泰然处之。我想，只要能从错误中吸取教训，不在同一个地方摔倒两次，那我就是在进步。所以，我给自己设定了坚守安全边际的铁律——宁可错过，也不要做错。

保持对市场的敬畏之心，适度平衡战略上的坚持和战术上的灵活，以绝对收益为纲，做自己理解而且有把握的事情，赚自己明白的钱，欲望越小才能错得更少。现在有些年轻的基金经理对自己的能力边界没有清楚的认识，市场上的什么钱都想赚，什么热点都想参与，这种做法隐含的风险很大。

未来，机构投资者的市场占比越来越高，整个基金行业要想发展得更好，必须真正地把投资者利益放在第一位，提高投资管理的科学化和系统化水平，尽力回馈投资者这份难得的信任。我坚信，只有积跬步才能致千里，积小胜才有大胜，唯有时时提醒自己，把格局放大、把视野放宽、把心态放平、把身段放低，走得稳，才能走得更远。

银华基金／王　华

长期收益来源于持有优秀公司而非神操作

我从业至今十二载有余，无甚建树，教训却颇多，我十分珍视这些教训，它们都是我进步的台阶，其中最重要的有两条。

第一，放低自己，才能取得超额收益。每次我们翻看历史，看到那些长线大牛股，都会感叹，过去数年，涨幅在 10 倍、20 倍的股票并不少，但为什么我们的投资收益相形之下却少得可怜？之前有一篇在投资朋友圈刷屏的文章，叫《世间没有阿尔法》，大意是基金经理的超额收益都是均值回归的，拉长时间看并没有阿尔法，只有市场的贝塔存在。这个观点我同意一半。

基金经理的阿尔法确实是不存在的，有些年份价值风格表现好，有

方法篇
——主动管理

些年份成长风格表现好，时间拉长许多人的收益率就是一个贝塔。但是真正的阿尔法其实是来自优秀公司自身带来的超额收益。难道美的、格力没有阿尔法？难道茅台、恒瑞没有阿尔法？难道招行、平安没有阿尔法？这些伟大公司自上市以来，显著跑赢全行业和市场，给股东创造了巨大的阿尔法。这些阿尔法确实存在而且并非不可识别，但为什么我们的投资收益却那么少？

芒格说过："合理的价格买入伟大公司，然后坐在那边等就是了。"我们可能都把投资收益的来源搞错了，它不应该来自自己的神勇操作，通过低买高卖做差价实现，而是应该来自那些伟大的公司持续创造现金流带来的收益，我们的所谓神勇操作，事后看是磨损这些超额收益的主因。持有这些优秀公司，它们会持续给投资者创造现金流，除非这些公司的基本面发生不可逆的变化或者估值变得非常贵，你就在那边等就是了。所以说，放低自己，持有伟大公司，才能取得超额收益。

第二，注重过程正确，期待好的结果。投资和研究是一个比较特殊的工作，特殊之处就在于其结果的不确定性。美国投资家克罗曾说："就是倒拿球杆，你也能打进球洞。"意思是我们要警惕侥幸。如果你的过程正确，并且坚持，那么大样本大范围多次博弈之后，大数定律会帮助你获得大概率好的结果；如果你的过程不对，却取得了好的结果，那么这种侥幸很有可能在未来会杀死你。所以，我们要追求成为时间的朋友，而不是成为幸存者偏差。投研这一行，看起来充满不确定性，其实拉长时间看，确定性很高，就是你有没有站在概率和时间这边，如果是，那么好的结果有可能会迟到，但绝对不会缺席。

彼得·林奇曾说过："当你投资股票时，你必须对人性，乃至对国家和未来的繁荣有基本的信任。"巴菲特也经常说，生在美国，他就是首先赢得了"娘胎彩票"。我们的投资与这个国家和时代是密不可分的。

2018年是改革开放40周年,当我们仔细回顾改革历史的时候,我们会发现两个基本规律:一是不管承不承认,改革都是朝着市场经济的方向而去;二是历史不乏危机时刻,但这些危机又倒逼了改革。从苦难、相互攻讦、彷徨试错中走来的国民,一旦走上了市场经济的正确方向,并导入了改革与经济、人民生活的正向循环之后,是绝无可能再回到市场经济启蒙之前的极端状态的。

历史上中国经历过多次比目前更为艰难和危机的时刻,但没有一次把改革逼退,反而都成为进一步更大规模改革的催化剂。危机倒逼改革,这是改革史上最为鲜明的特征。最后引用《写给南希小姐的信》中的一段话:"就像300多年前那些奔向美国的移民对自由的渴望,中国这些普通人,他们并不关心自己是否称霸,是否干涉他国政治。他们想的只是,自己是否能为子女争取更好的教育,能让父母过更好的生活。为了这个,在许多富裕国家的人正在度假的时候,他们选择夜以继日地工作。"这也许才是中国改革开放最大的生生不息的原动力。所以,我们还是对中国公司的永续经营大胆假设,对中国人民、对中国充满信心。

长信基金 / 安　昀

找到抵抗恐惧的"锚",安享资产增值

A股市场急剧下跌,我管理的基金也不可避免地出现了较大的回撤。投资者遭受了损失,我们很难过。在这个时候,我觉得很有必要向投资者谈谈我的观点,希望这些观点最终能对大家有所帮助。

方法篇
——主动管理

"在别人贪婪的时候恐惧,在别人恐惧的时候贪婪",这是大家都熟知的巴菲特的投资格言。事实上,市场的走势会影响交易者的决策与心理,交易者的决策与心理也会反过来影响市场的走势。贪婪与恐惧与生俱来,市场的信息纷繁复杂,往往贪婪的时候感觉利好扑面而来,恐惧的时候却是四面楚歌。大部分人是无法做到在别人恐惧的时候贪婪的,更多的可能是在别人恐惧的时候恐惧。

基金经理会恐惧吗?当然会,但我相信找到了心中的锚就能抵抗住内心的恐惧。对我来说,这个锚就是产业趋势、优秀的公司以及合理的估值。把握住了这个锚,我们就能努力保持理性,克服焦虑和恐惧,让自己不被市场情绪左右。

时代在变迁,我们希望沿着产业趋势主轴去投资,以不变的产业趋势去应对变化的市场。实际上,我们并不知道市场会如何波动,但是我们相信寻找符合产业趋势的优势企业的投资路径能让我们在逆水行舟之时不至于太慢,在顺水行舟之时又能扬帆乘风而起。

过去两年是品牌消费品的牛市、中小市值的熊市,作为成长风格型基金经理,我们几乎完全踏空品牌消费品牛股,然而即便如此,我管理时间最长的景顺长城优选基金净值依然突破了2015年的高点。这至少说明我们的方法论的确能抵抗住市场风格的变化,因此我们也有信心迎接未来市场的变化带来的挑战,为持有人带来投资的保值增值。

现在的指数回到了股灾的起点,估值比股灾的起点更低。当前的估值水平已经处于历史最低区间,中证1000基本与2008年最底部估值是一样的。市场一片低迷,大多数人都用最悲观的视角看待市场,而我们看到的却是机会。的确,我们不知道明天或者下周是涨还是跌,但是,如果把周期拉到1~3年,现在毫无疑问是底部区域,至少也是投资胜率较高的区域。

2018年以来，去杠杆带来违约率急剧提升，让市场过度担心去杠杆会带来系统性风险。实际上，去杠杆过程中出现局部风险是很正常的，并且也会是常态事件。过去，过小的信用利差抬升了市场的无风险利率，去杠杆带来的信用利差提升将会有效降低市场的无风险利率。市场的无风险利率下降一定是有利于新增资金进入资本市场的。实际上，去杠杆对A股资金面的影响也是微弱的，更多的是心理层面上的影响。然而，理财产品打破刚兑以及去杠杆带来的影响都将影响理财产品的供给，这必然会导致更多的社会资金从理财产品逐步流入权益市场。去杠杆对A股是短空长多的事情，根本没必要过分担心。

棚改货币化推动的地产销售超预期增长的确是不可持续的，宏观经济也毫无疑问会逐步走向增速下降通道。但是，宏观经济强弱不代表股市表现的强弱。过去10年，尽管经济增长很多，但是上证指数几乎没有上涨。上证表现不佳很大程度上是受到经济结构转型以及制造业投资回报率下行10年影响。另外，上证的企业主要是由传统的资金消耗型企业构成，毕竟股市反映的是企业未来的现金流创造能力，这也影响了上证指数的表现。过去两年，供给侧改革逆转了传统行业的赢利水平，去杠杆消灭了资金中介，降低了社会实际的资金成本，这些都是有利于企业创造现金流的。

中美贸易摩擦将会是长期的，这也是市场的共识。两国关系未来可能是"W"型走势，其间可能不断伴随着两国政治经济高层的互相试探、利益博弈和沟通谈判。这也是中国在崛起过程中不得不面对的问题。当然，如果谈判能达成停战协议固然更好，但是达不成也无大碍。中美未来几年都是在竞争中合作、合作中竞争，这种矛盾的主基调不会改变，也很难改变中国崛起的趋势。中国人的拼搏精神不是其他国家所能比拟的，中国人在快速学习，在快速累积自身优势。人口结构虽是不利因素，但是中国人口基数足够大，叠加中国人异常的勤奋，影响是相对微弱的。尽管中国的人口红利在衰退，但是工程师红利依然在发挥作用，因此，我们坚信中国的科技创新依旧会迸发出强大的动能。

我们始终坚持投资于符合趋势的真正的高成长个股，通过这样的锚来抵抗内心的恐惧，在变化的市场中依赖企业价值做出正确的判断。投资需要乐观的态度，我们只能寄希望于大时代的发展，迎接并伴随时代的变化，希望通过时刻紧随时代的变化来实现持有人的资产增值。

景顺长城基金／杨锐文

中微观增速估值性价比匹配之刀

10年前入行的时候，有个前辈告诉我，行走江湖，需要有兵器傍身，在资本的江湖里，方法论就是兵器。

我刚开始做投资的时候，刀枪剑戟斧钺钩叉十八般兵器都想练，认为什么都练会了，无论面对什么市场风格都能游刃有余了。远攻我就亮弩，近身我就抽刀；风起的时候我逐趋势，强弩射飞猪；潮退的时候我蹲价值，长镰割新韭。假想一下，如果在2013年至2015年上半年全仓创业板，然后在此后的时间里全部转向白酒家电，这会是多么神乎的技艺，百步杀一人，千里不留行！理想总是异常丰满，但现实的结果并不令人满意，有时甚至非常不令人满意。

我发现了两个问题：第一个是我练的兵刃太多，但都不精，从而导致在选对了兵器的情况下杀伤力不够；第二个更要命，我发现我缺乏对于市场风格的判断能力，经常选错兵器。

这样的挫折经历过几次，我确信自己不具备通过更换兵器实现全天候击败市场的能力。我需要找到一样兵器、一种方法，练好，让我在大部分的市场环境下都能活下来，即使在某些阶段可能比较艰难。当然，如果幸运一些，等我能够完全驾驭这种兵器，在某些时候甚至能比较好地活下来。

选一件不二的兵器很困难，得跟自己的功夫相适应，猪八戒耍不来金箍棒，孙悟空也踩不了风火轮。选择一种长久的投资方法论也不易，要跟自己的性格和能力匹配。现身说法，我是一个大大咧咧的人，很难落到细微处。饶是我很羡慕那些组合里只放 10 只股票的做法却也不敢效仿，因为这需要对每只个股有非常细致的研究和紧密的跟踪，这会让一个白羊座辗转反侧、如坐针毡。同样，我发现追涨杀跌的短期趋势投资也不太适合自己。我身边有朋友可以把短期趋势这种方法用得如屠龙宝刀一般，一进一出，"唰唰"，便收获一筐"韭菜"。我又很羡慕，于是评估了一下做短期趋势的市场参与者结构，结果发现不是顶级高校毕业的绝顶聪明人，就是屹立不倒的"千年老韭"，拉倒，我斗不过，我认了。我不掩饰对于获得又快又高收益率的渴望，但我不想当"韭菜"，这是我的底线。我如果只有一个优点，那就是有自知之明，我曾为发现这个优点兴奋过好几天。

这也不好用，那也不敢用，到底顺手的兵器在哪里呢？一个木讷胆小接近不惑之年的白羊座中年男性拿着菜刀边切墩儿边思索。等等，菜刀?! 手里这把菜刀，看起来异常笨拙，但也曾屠过猪，在猪还没飞高的时候；也曾割过韭，在韭菜长得异常快的时候。它最大的特点是简单、实用，正如用它的人，一个典型的小市民，凡事总是喜欢考虑性价比。猪没飞的时候，他去追猪，因为不费力，收获也快；后来猪飞起来了，他够起来很费劲儿，需要跳很高，腰里还别着刀，这样吃到猪肉的

方法篇
——主动管理

成本大大提高了，可能摔断腿，还可能被刀划伤，更要跟拿弩的人去抢，非常不划算。于是他选择不去追飞猪，而是蹲到价值的韭菜地边等韭菜长出来，固然韭菜不如猪肉吃着带劲儿，而且菜刀也不比镰刀专业，但好在现在人少，能占个好位置，等收割的时候也不吃亏，无非就是慢一点。

我给自己的新兵器命名为"中微观增速估值性价比匹配之刀"，在任何市场环境下，只选择增速和估值匹配程度最高的行业和公司下刀。我的目的很简单，希望有了这把刀，在任何市场环境下，都不会饿死；如果有一天这把刀打磨得足够锋利，我希望在大部分市场环境下都能吃饱。明确了自己的长期目标后，终于不再像过去那般焦虑，跟不上市场的时候，我就去磨刀，竟分泌出好多多巴胺。资本的江湖瞬息万变，能用的兵器也五花八门，兵器没有最好的，但一定有最顺手的。祝每一个投资者朋友都能找到属于自己的神兵天刃，斩获满意的收益率。

中信保诚基金／王　睿

不甘落后是理性投资的最大障碍

一天，我带 8 岁的儿子去游乐园，遇到一个在池塘上用塑料块串联起来的浮桥。一群青年从上面潇洒地跑过去了，浮桥块强烈地晃动，我劝儿子也跑一下，他惧怕了，怎么劝都没有用。这时，一个五六岁的小男孩轻灵地跑过了浮桥，儿子看到了，突然奇迹般地战胜了恐惧，助跑、飞奔，一气呵成地从浮桥上跑到了对面。

我知道，这个奇迹的出现是因为儿子不想让自己显得连小两岁的孩

63

突　围
——88位基金经理的投资原则

子都不如。

人类是典型的社会化物种，在同类中不想成为较弱一方的那种恐惧早已根植在我们的基因中，和惧怕猛兽同样真实。漫长的进化中，积极响应比较压力的个体才更能赢得群体的尊重与合作，更能获得异性的青睐，因此更有机会生存下来并把自己的基因传下来。试想如果远古真有"佛系"青年，在群体中显得落后也无所谓，他应该会被族群冷落，留下后代的机会寥寥。

然而，不甘落后的人性在投资活动中却未必能帮到我们，反而可能会成为理性投资的最大障碍。巴菲特曾形象地描述这种投资中受人性驱使的"非理性"心理：一个智商比你低30的邻居正通过投机赚了你好几倍的钱，这简直让人无法忍受。

公募基金的净值和同类排名每天都会公布，基金经理持续处在和同类"邻居"的比较排名压力中，每个月、每个季度都不难发现有邻居比自己的收益好得多。这时人性就会起作用，基金经理开始怀疑：是否我布局的行业今年没有机会了？选的股票是否没有守候价值了？要不要换仓，配置点势头好的板块？通常在这种换仓交易的背后，理性已经靠边站了。

事实上，投资业绩的短期落后根本没有什么可怕的。美国的市场研究表明，过去10年年化业绩最好的基金经理群体在1/3的时间里跑不赢市场平均水平，超过1/3的时间和市场旗鼓相当，只有不到1/3的时间可以跑赢市场。基金经理要在每月、每季度都领先市场，在排名上不吃亏，这只是一种有害的执念。

作为基金经理，应高度警惕自身害怕落后的人性带来的投资行为扭曲，也需要理解市场上的大部分参与者也会受到这种自然人性力量的驱使，进而带来股价夸张的涨跌，而企业的基本面在这期间未必有多大变

方法篇
——主动管理

化。典型的例子是，2015年上半年，有公司靠着匪夷所思的并购故事让股价翻了几倍，而在后续的3年中持续下跌到连原来的1/5都不到。再联想当初那些所谓的"热门板块"，如3D打印和基因编辑，时至今日，谁还会提起？

投资者购买基金，并非是像博赛马一样希望陪着基金经理来一场排名竞赛，而是希望自己的资产有所增值。面对这份沉甸甸的信托责任，基金经理需要抛弃对赛马排名的关切，高度清晰化自己的投资原则，用原则来严格约束自己的投资行为，杜绝那些屈从人性的交易。

作为基金经理，我的投资原则很简单。

只投资自己看得懂的标的。对投资的标的，应该很清楚它的商业模式是否可行、在行业中竞争力是否持续、背后的团队是否可靠，这和一级市场筛选商业项目是一样的，和股价波动形态无关。一个人的精力有限，在非常勤勉地工作的前提下，大概能覆盖400只股票，重点跟踪100只股票。所以在大量的上市公司信息面前，必须要做取舍，坚守自己的能力圈。

高度重视投资标的的现金流。在非常保守的估算下，现金回报前景明显好于10年期国债的标的才有投资价值，否则不如拿债券。简单来说，就是投资那些持续赚到真金白银的公司，对一些现金流异常、资本开支巨大、资产负债表大幅扩张的企业保持警惕，对一些听起来概念很时髦但现金回报很少的企业敬而远之。

逆向寻找投资标的。股票的估值大致可以分为两部分，一是对基本面的理性估计，二是人们对它的热情期待。在股票被高度关注、被热捧时买入，付出的价格中有相当一部分是给了热情，很有可能是买贵了，未来热情消退后要大概率减少投资收益；而对于被冷落的股票，这个概率是逆转的，大众热情只要提升一点就有利于增加投资收益。我相信在

65

概率上,反大众热情地寻找投资标的长期看是更有利的。

当前市场低迷,甚至出现了对未来的担忧。我认为在冬天可以多想想春天。历史上,每一次熊市都为未来较好的投资收益留足空间,这一次也不会例外。过去30年,中国从无到有涌现出了很多在全球都极具竞争力的优秀企业,这足以证明中国人非常擅长学习商业文明和科学技术;中国人喜欢储蓄,有利于资本积累;中国极其重视教育,人口素质将一代强于一代;因为庞大的人口基数,中国的内需市场潜力巨大……目前国际环境的一些压力,改变不了中国这些大的"基本面"。作为基金经理,我可以确定,未来中国优秀企业的股价仍将创出新高。

平安基金／曹　力

平衡收益风险,实现可持续回报

投资最核心的事情,就是做好获取收益与风险控制之间的平衡。

找到最适合自己的投资风格

首先,收益有不同范畴的分类,从投资回报期来看,收益分为短期收益和长期收益,也分别对应了不同的组合换手率。短期收益往往更关注短期因素变化对资产价格的影响,同时交易本身对收益的影响较大;而长期收益往往更关注长期趋势变化对资产价格的影响,同时在持有期会面临更多的不确定性。

这两类收益本身并没有优劣之分,例如大多数价值投资者都崇尚较长的持有期,而优秀的量化投资者通过高频交易同样能获得不错的收益回报。无论选择哪种投资收益，必须要坚持知行合一，不能抱着短期投资思维去做长期配置，也不应抱着长期投资的理念反复换手。

其次，从收益的来源来看，收益可以来自企业创造价值的增长，也可以来自估值水平的变化，还可以来自单纯资金流入流出的影响等。同样，这些收益来源客观上也没有优劣之分，关键是需要投资者结合自己的能力边界，试图捕捉哪种收益来源。例如基本面研究能力比较强的投资者，可以期望获取企业价值成长的收益；善于判断市场风格和投资情绪变化的投资者，可以期望获取估值水平变化的收益；善于观察市场交易行为的投资者，往往期望获取资金变化带来的收益。

对于收益，最重要的是如何实现可持续的投资回报。作为一个投资者，首先必须对自己的能力圈有一个清晰客观的认识，以提高投资收益的稳定性和可持续性为目标，在投资过程中不断调整方法，最终形成一个较为成熟的投资体系，找到自己能够捕捉到的阿尔法。

反观我自己，短线交易能力并不强，也不能保证能够稳定获得领先市场的第一手信息，因此可能会更偏向于长期投资回报。而对于长期投资回报而言，短期的估值变化和资金进出对投资收益的扰动都会大幅降低，企业价值的长期增长往往决定了大部分的收益来源。因此，我需要评估的就是在投资持有期内，估值水平和资金流入流出会有怎样的趋势性变化，方向和幅度会如何，其中所承担的风险与预期收益是否匹配。捕捉来自企业价值增长的长期投资收益，显然是更适合我的阿尔法的来源，而我需要做的就是寻找价值增长能够在较长持有期跑赢其他权益资产的投资标的。

风险与收益要相匹配

与收益相对的则是风险控制，同样是投资的核心，在投资中要评估风险与预期收益是否匹配。

任何投资行为都伴随着风险，投资者对于自己的风险偏好和风险容忍能力必须有一个客观的认识。就这一点而言，国内很多投资者还没建立起成熟的风险观，往往高估自己的风险容忍能力去提高风险偏好，从而承担了不必要的风险。这里我建议投资者可以读一读霍华德·马克斯的《投资最重要的事》，这本书对于我的风险观的建立奠定了基础。

所谓风险，我的理解就是实际投资结果和预期投资回报偏差的不确定性，是一个统计概率的概念，单笔投资的得失并不能反映投资收益的风险，只有大量投资行为的统计结果才能更客观地描述风险。

那么对于风险控制来说，一方面是在设定的预期投资收益目标下，尽可能地降低投资结果偏离的幅度和概率，提高投资的成功率，或者说提高捕捉目标阿尔法的概率。就我个人而言，阿尔法来自企业价值长期的超额增长，那么在持有期内景气度较高的行业，寻找出这类阿尔法的概率会高于其他行业，在行业内具有长期竞争优势的公司，表达出行业阿尔法的概率会高于其他公司。这样，通过基本面研究，寻找景气度向上的行业内的龙头公司，就是提高投资成功率的比较核心的方法。当然，估值的匹配程度也非常重要，越高的估值水平代表越高的隐含风险，会降低捕捉阿尔法的成功率，需要更高的价值增长去做对冲。

风险控制的另一方面是应当尽可能地将投资方法隐含的概率表达出来。不同的投资方法有不同的实现途径，例如量化投资通过高频交易的方法，提高超额收益因子的表达效果。对我而言，一方面是通过分散投资，持有较一般投资经理更多的品种实现统计概率的表达；另一方面是通过延长投资持有期，降低其他短期风险因素对概率表达的干扰。

以上是我个人在短暂的基金从业生涯中，对于投资积累的一些感悟。过去的投资结果并不一定是真实能力，基于个人经历形成的对投资的理解，可能还有很多不足，会在更长期限的投资过程中暴露出来，需要不断地完善。

中信保诚基金／吴　昊

相信真成长的力量

首先，我想和大家一起算一道非常简单的算术题：假设一个公司2018年的净利润是1亿元，未来5年每年保持30%的利润增速，那么5年后，该公司的净利润将是3.71亿元。不难看出，复利的力量是十分强大的。

回顾过去3年的A股市场，2015年那些所谓的"成长股"，绝大部分公司股价大幅下跌，腰斩甚至跌幅超过80%、90%的比比皆是。对此现象，很多人的解释都是围绕市场风格、流动性等方面，在我个人看来，上述解释都有一定道理，但是究其根本，很多所谓的"成长股"，交出来的业绩根本没有增长，甚至会下降，戴着"成长股"的光环，演绎着"伪成长"的本质，股价的下跌是必然的。

从更长的时间周期可以更明显地看出，"真成长"是公司市值持续增长的充分必要条件。是金子总会发光，裸泳者，在潮水退去的时候将会暴露无遗。

我个人坚持淡化市场风格判断，自下而上精选个股的投资风格。

许多投资者喜欢预测短期市场，比如，感觉下周、下个月等短期内，某概念板块、某热点能涨，然后就买入，发现错了再改，这归根结底是择时。而实际上，预测这种短期波动进行择时非常难。我个人更倾向于按照既定的投资逻辑，精选个股，即挑选利润稳步增长、市值逐渐变大的股票。

具体来看，首先不做短期预测，但是要进行一个大趋势的判断。例如，中国经济和A股市场长期来看肯定是乐观向上的，因为城镇化过程正在进行、中国的整体竞争力较强、中华民族是优秀的民族、金融市场刚刚起步还有较大发展空间等，这些因素共同促使A股市场大趋势是向上的。

其次，虽然是自下而上选股，但也要对行业进行判断。行业是否增长，若不增长，行业容量一定要足够大，因为如果行业是萎缩的，那么行业内个股肯定不能碰，比如前几年的功能机、彩色胶卷等诸如此类要先剔除。

最后，在较好的行业里精选个股。这分为三步：第一步，稳定；第二步，确定；第三步，估值。简称"稳定、确定、估值"三原则。

第一步，把3 000多只股票分为3类：稳定增长型、强周期型、概念故事型。先把概念故事型股票剔除，因为讲故事的公司只能讲短期，不能持续。然后战略性放弃强周期型股票，因为强周期型股票具有大涨大跌的显著特征，上涨时一个月能涨30%~40%，下跌也会比较猛，操作强周期型股票需要深厚的宏观知识背景、超强的心理素质等。最后，就把精力全部放在稳定增长型股票方面，也就是仔细研究上市公司财务报告，寻找盈利稳步上升的股票。

第二步，稳定代表过去，确定代表未来，即选择一些未来2~3年利润增速不低于30%的个股，赚上市公司利润增长的钱。

第三步，市场上许多股票"质量"都非常好，但是估值很贵。一般而言，高估或低估的标准就是PEG（市盈率相对盈利增长比率）是否小于1。

方法篇
——主动管理

回到2018年的市场变化，众多在2017年表现优异的白马龙头公司股价明显回调，各种担忧的情绪日渐浓重，对此，我们做一个简单分析。

从宏观背景出发去思考行业发展趋势，未来我国经济由高增速模式转向高质量发展模式，传统行业的集中度将进一步提升，新兴行业的龙头将具备先发优势。长期来看，白马龙头的业绩稳定增长、波动减小，业绩与估值将呈现戴维斯双击态势。

业绩方面，通过分析过去盈利层面的数据，我们已看到了这一趋势。从EPS（每股盈余）角度看，回顾2010—2017年，上证红利、上证50、沪深300、中证500的EPS分别上涨63%、47%、36%和29%，蓝筹板块（上证红利、上证50、沪深300）相比成长板块（中证500）EPS增长整体要更好。从ROE角度看，上证红利、上证50、沪深300、中证500的ROE（TTM，市盈率）分别为13.1%、11.7%、11.8%、9.3%，同样是蓝筹板块相对成长板块表现更好。

估值层面，我们看到蓝筹板块的估值优势仍较为明显。上证红利、上证50、沪深300、中证500的PE（TTM）分别为9倍、12倍、14倍、27倍，蓝筹板块估值整体低于成长板块。事实上，蓝筹板块2016年以来的上涨，基本是由业绩驱动，以沪深300为例，2016年年初的估值是14.1倍，指数在上涨10%之后，PE（2017）却小幅降至13.7倍，估值抬升空间的优势尚未明显体现。

此外，随着我国市场对外开放水平的进一步提升，未来投资者风格和估值体系将更与国际接轨。近年来，沪港通、深港通开通，A股纳入MSCI指数以及可能启动的沪伦通等，均在加快A股投资者结构、交易风格和估值体系的国际化，而外资持股更青睐于大市值与赢利能力强的个股。截至2017年年底，外资持股占A股总市值的1.91%，仅占流通市值的 2.63%。未来，边际增量资金的重要部分——外资持股比例或将进一步提升，并带动 A 股市场投资风格向外资持股风格靠近，将带来白马龙头股估值的系统性提升。

综合而言，我们认为赢利能力强、业绩稳定性较高的白马龙头股具备长期投资价值。短期或将出现由风险偏好推动的行情波动，但不改长期趋势。我们将从长期投资的角度出发，坚信真成长的力量。

招商基金／付　斌

四大要点捕捉未来行业龙头

个体心理学先驱阿尔弗雷德·阿德勒在《自卑与超越》一书中写到，从出生开始，个体对于生活意义的摸索和追寻也就随之开始。很多所谓的人生经验，往往在被接受之前就已经预先被解释了，这种解释延续自我们每个人最早形成的对于生活意义的认知，"即使这种意义错得一塌糊涂，即使这种处理问题和事物的方式会不断带来不幸和痛苦，它们也不会轻易地被放弃"。个体以个体赋予环境的意义决定了自己。

经济学假定人的选择都是基于理性的、趋于利益最大化的，但是如上所述，被自我意义塑造的我们常常超越了经济学的逻辑。正如在股票投资中，我们能够看到很多基金经理做出的极为重大的选择，往往是一种他自己都没有意识到的心智惯性。不管是个人投资者还是大型机构的基金经理，其早期投资记忆会产生一种锚定效应，一旦锚定，它就成为一个标志点，随后的所有投资方法和策略会围绕它来建立。比如个人投资者因为捕捉到了黑马，自此对故事宏大的主题性投资趋之若鹜，又比

方法篇
——主动管理

如入行早期做宏观分析的基金经理更倾向于根据美联储、央行和统计局的例行数据来进行投资决策，再比如实业出身的投资人员在下结论前总是会和老同事们打上几个电话寻找论据……早期记忆为我们织就了一道无形的桎梏，潜移默化地影响着我们的所思、所想和所为，让我们不自觉地对自己的投资方式赋予了不一样的意义。

事实上，如果我们能够把自己抽离出经验形成的舒适区，复盘自己过去的种种决策，回溯优秀企业和高收益股票的历史，以较为客观和清醒的方式解读它们，我们也许能从中汲取到新的经验和教训，改变自己的行为，从而进化出更优的投资决策。具有持久生命力的投资方法和策略不应该是完全个人化的，其最终结果总是具有普遍意义——能够最终被更广大的投资者所接受并形成群体行为。

2002年时，某龙头券商研究所所长让每个行业的研究员都推荐一个未来能够成为行业龙头的蓝筹股，且必须是行业内最具竞争力的优秀企业。该研究所的行业首席们一共推荐了30个公司。15年过去了，在这30个公司中，历史证明选择正确的行业龙头有11家，其中大家耳熟能详的有宝钢股份、海螺水泥、招商银行、青岛啤酒、联想集团和中芯国际，以及至今都没有上市的华为，正确率40%。该所长后来写了一篇报告——《你买的只是你想象中的未来》，强如顶尖的首席尚不能百发百中，可见研究当下容易，研究未来并不简单，更不要说管理一个投资组合了。

至于如何洞见未来的方法，我们可以从预测结果中总结出一些端倪。被预测成功的11个企业虽然都是行业龙头，股价涨幅却也大相径庭。15年来，海螺水泥的股价涨了15倍，招商银行的股价涨了10倍，而联想的股价只涨了75%，被通胀甩在身后，中芯国际的股价更是令人沮丧地下跌了一半。我们在大幅上涨的行业龙头企业中发现的共性如下。

一是产品具有独特品牌优势和稀缺的资源。在 A 股市场，只要是拥有传统民族品牌的上市公司，往往具有投资高回报的特征，如五粮液、茅台、泸州老窖、云南白药、同仁堂、东阿阿胶、片仔癀等，投资者对无形资产给予了高溢价。

二是具有较大行业发展空间。正面案例如汽车行业里的上汽，这 15 年来交通堵塞程度侧面反映了国内汽车行业的成长增速。反面案例如中芯国际的回报率为负，原因在于这 15 年中国的半导体行业在核心设备和产品设计、制造上都严重依赖进口，只在处于产业链中低端的封测环节有一定进步。

三是民企的机制更灵活，高回报的概率较高。30 家公司中，光明乳业的股价只上涨了 165%，伊利股份则高达 3 672%。

四是高分红率。剔除华为后的 29 家上市公司 15 年累计分红总额为 5 454 亿元，约占同期 A 股所有上市公司分红总额的 10%，29 家上市公司数量只占所有上市公司数量的历年平均数比重不足 2%。

回首这段历史，行业龙头大多具有长期投资高回报的特性，只要选对行业龙头，带来的收益率是相当可观的。正视历史，才能实现真正的进步。完善挖掘好公司的体系，才能坚持长期投资，为投资者获取稳定的回报。

华宝基金／贺　喆

绝对收益居首，价值观决定成就

2007 年年初进入基金行业，从销售到投研，从专户到公募，我见证了基金行业过去 10 年的高峰、低谷、蜕变、蓬勃，坚信作为金融服务行业，唯有不断地为客户创造价值才是立业之本，奉行查理·芒格的理念："成功的投资只是我们小心谋划、专注行事的生活方式的副产品。"从工作、生活的细节出发，勤勉、自律，勤能补拙，自律才能自由。

作为一名从业超过 10 年的基金行业老兵，我曾有幸见证了基金行业在 2007 年的巅峰辉煌，也亲历了 2008 年金融危机期间一批神话级基金的落幕。2012 年转型到专户投资岗位后，无独有偶地经历了 2013 年中的钱荒以及随后而来的史诗级的债券大牛市，几轮股债牛熊转换之后，对基金投资也有了一些更深的思考。

投资即营销，将基金的净值曲线变成客户的收益曲线

一直以来，困扰基金经理的一个难题是如何使得组合负债端保持稳定，特别是当自己认为市场具有确定的投资机会时，不会因为负债端的规模波动影响自己的既定策略实施。其实这里面涉及一个投资经理的定位问题。通常而言，基金经理的工作内容更像产品的生产，其所关注更多的是自己的投资能力能否获得较好的投资业绩。

但从客户的角度来说，一只产品的业绩只有变成自己的财富增值才有意义。由于信息不对称，当基金业绩波动超出客户所能承受的范围时，如果没有及时的信息沟通，客户很容易用脚投票。所以，成熟的投资经理在投资过程中会将市场波动引发的客户预期变动加入投资决策过程中，或者通过及时的沟通获得客户的持续认同，使得负债端与资产组合的调整形成良好的互动，从而更好地展示自己的投资实力。在这个意义上，投资经理其实也充当了销售顾问的角色。

绝对收益为本，相对收益为果

每当市场走弱的时候，公募基金的相对排名问题就会被人诟病。不可否认，对于单一投资范围的基金产品采取全市场相对收益考核的方式，可以衡量基金经理在个股（个券）选择方面的能力。然而经过了过去 10 年股票、债券市场的巨幅震荡，纯粹的相对收益的考核方式使得基金业绩与客户满意度之间的矛盾开始突出，基金赚名不赚钱的结果就是投资者去选择预期收益更为确定的银行理财产品，造成市场上主动管理的基金产品规模缩水严重。另外，随着市场上多策略、混合型基金产品的逐步增加，也使得绝对收益目标的实现有了现实基础，投资者对基金经理的投资能力考察开始从个券选择能力向大类资产择时及风险控制能力转变。我认为，除了指数基金等工具型产品之外，主动型产品的投资目标还是要将绝对收益目标放在第一位，因为投资者投资基金的初衷就是希望基金经理可以通过资产组合的动态调整来平滑基础市场波动，以获取一个超越市场基准利率的正收益。况且过去多年的历史数据表明，如果一只基金能够连续 3~5 年取得一定的正收益，那么这只基金的相对排名也不会差到哪里去。

投资即生活，价值观决定成就

最近看到一篇讨论优秀基金经理的共同特质，我颇为认同。文章调研了国内最优秀的一批基金经理，发现了他们所具备的一些共同特征，比如独立的决策判断能力、"胆子小"、风险意识强、完整的投研方法论以及足够正确的价值观等。在我看来，这些特质不仅影响基金经理的日常投资，也是一个人生活态度和方式的映射：生活中的自知自信反映到投资过程中是对自己能力边界的清醒认识；生活中的勤勉、自律反映到投资上是对规则的尊重和对微观细节的关注；独立精神和风险意识体现在生活上则是不从众。以上的种种最终会体现在一个人的价值观上，而价值观的不同是决定一个基金经理在市场关键阶段做出不同投资决策的关键。正如我们经常说的，天赋可以使一个投资经理短期取得亮丽的业绩，但三观才决定其走得有多远。正如文中所说的："善意的策略一定会带来持久的回报，所有的胜利都是价值观的胜利。"

鑫元基金／王美芹

赚企业成长与估值修复的钱，关注消费升级和创新

投资犹如一场马拉松。基金投资尤其需要时间的沉淀。从业17年来，我一直秉持这样的投资理念：一是赚企业成长的钱——股票投资收益归根结底来自上市公司的业绩增长，而不是股价波动，投资那些业绩持续增长的公司，才是有意义的；二是赚估值修复的钱——"真金不怕烈火炼"，一旦市场回归常态，优质公司的价值就会凸显，从而带来股价的上涨，选择估值出现修正的时机介入，赚估值修复的钱，也是一种价值投资。

中国证券业协会统计数据显示，截至2017年年底，公募基金行业累计分红1.71万亿元，其中偏股型基金年化收益率平均为16.5%，远远跑赢大盘，为投资者创造了可观的回报。

然而，2018年以来，A股市场持续震荡，股市下跌让不少投资者迷失方向、陷入悲观，持有股票型基金的投资者也感受到了基金净值下跌带来的切肤之痛。在2018年的投资历程中，我感受特别深刻的一点，就是在面对市场持续震荡，尤其是股市连续下跌时人们的心态起伏。股

市是经济的晴雨表，A股市场的调整也反映了中国经济运行和证券市场的变化。

近年来，欧美等主要发达经济体稳步复苏，国内经济结构的转型调整持续进行，新经济占据的比重越来越大；传统经济落后产能基本出清，高能耗、高污染问题得到遏制；我国经济正在经历从传统经济为主到传统经济与新经济并重、从投资主导向投资与消费并重、从外需拉动到内外需并举的产业格局的转型期阵痛。

伴随着经济转型，证券市场也在发生深刻的变革。在经济结构调整期、金融收缩期、强监管期三期叠加的背景下，防风险、去杠杆成为金融市场发展的主基调。上市公司无序的资产重组以及无节制的再融资受到遏制；内幕交易、操纵股价行为受到严惩；IPO（首次公开募股）加速发行，A股"堰塞湖"快速纾解；对外开放步伐加快，伦港通、沪港通陆续开通，A股纳入MSCI指数，海外机构投资者加快布局；养老FOF（基金中的基金）发行，以社保资金为代表的长期资金入市以及资管新规和理财新规的陆续出台等，资本市场也在经历转型期的阵痛。

上述两方面因素的叠加，成为A股市场持续调整的重要原因。不过，从长期来看，中国经济的基本面是坚实的，我相信，经过调整后的宏观经济将持续向好，证券市场也将更加健康、更具活力。

"风物长宜放眼量。"投资犹如一场马拉松，需要持续和耐心。基金投资尤其需要时间的沉淀。作为一名从事基金管理十余年，经历过多轮牛熊转换的专业投资者，面对市场的涨跌，心态会相对平和。

总结我个人从业17年来的经验，一直秉持以下的核心投资理念。

一是赚企业成长的钱。股票投资收益归根结底来自上市公司的业绩增长，而不是来自股价波动。公司市值的增长是由公司业绩增长驱动的，投资那些业绩持续增长的公司，才是有意义的。

二是赚估值修复的钱。有时市场会受投资者情绪、风险偏好等非理性因素影响，导致优质公司被低估，然而，"真金不怕烈火炼"，一旦市场回归常态，优质公司的价值就会凸显，从而带来股价的上涨。选择估值出现修正的时机介入，赚估值修复的钱，也是一种价值投资。

过去十多年来，我一直努力践行自己的投资理念，致力于为持有人带来更好的收益回报。同时，也希望基金持有人不要太看重短期收益，而是尽量看淡市场的涨跌，着眼于将基金投资作为家庭资产配置的一种工具，信任基金管理机构的专业投资能力，稳步实现家庭资产的长期增值。

从投资机会来看，宜淡化指数，精选个股。当前，证券市场机构化、国际化的趋势正在形成，估值体系和市场结构将逐步与国际接轨，那些基本面优质的企业，那些在研发、渠道、治理、商业模式等方面都相对优秀的企业，尤其是放在全球视角都具有其核心竞争力和良好成长前景的公司，将受到海内外资金的长期关注。发现它们，在合理的估值水平下持有并伴随它们的成长走向世界，必将获得丰厚的回报。

今后一段时期内，我将继续关注消费升级和创新带来的旅游、食品饮料、消费电子、医药等行业的投资机会；关注在5G、新能源、人工智能、集成电路、高端装备制造等领域持续进行研发投入、具备技术优势和创新能力的公司。与市场共舞，与经济新周期共振，力争为投资者带来实实在在的价值回报。

"不积跬步，无以至千里；不积小流，无以成江海。"财富需要通过一点一滴来积累，过于追求短期收益，企图一夜暴富是不可取的。作为基金管理人，肩负投资者信任，在投资理财的时候，我常常告诫自己，要保持平常心，常怀敬畏心。愿和大家一起，共同筑起财富的长城！

长城基金／杨建华

行业轮动投资法的更高层次

2018年是我进入证券行业的第15个年头，也是我进入公募基金行业的第9个年头，十余年来的经验教训，使我无时无刻不惊叹于市场的快速进化和学习能力，同时也在鞭策着我不敢有丝毫懈怠，诚惶诚恐地从市场这位"老师"身上不断学习、更新知识结构。

与海外动辄上百年的资本市场相比，中国A股市场成立不到30年，公募基金行业更是只有20岁，也是俗称的"弱冠"之年，意味着尽管步入成年，但还未发育强壮。中国的证券市场在投资者结构、投资者理念、上市公司质量等方面还需要相当长的时间才能达到与发达国家目前近似的阶段。

可喜的是，在公募基金的激荡20年中，经过无数人的努力，投资理念不断迭代升级，已经初步完成了从投机向价值投资初级阶段的转型。但初级阶段这一称谓也同时意味着中国版的价值投资并非严格意义上的基于传统金融学理论的价值投资，在不同阶段也存在着不同的表现形式，需要市场的参与者不断体会、不断加以适应。大自然给我们的启示是，能够生存下来的既不是最聪明的也不是最强壮的物种，而一定是最能适应环境的物种。

以我个人的体会来看，投资A股需要采用更加灵活和适应市场的方式，以行业轮动方式应对A股市场挑战在我看来是最佳的选择。数据显示，A股市场最显著的特点是每年行业的涨跌幅榜都有新变化，第一年超额收益大的行业往往无法在第二年延续辉煌，因此在以年度为单位进行考核的投资环境中，对某种固定风格和行业偏好的投资者提出了更高要求,需要投资者避免对于某个行业的偏执,例如2014年的建筑、2015年的计算机、2016年的白酒、2017年的家电等。行业轮动就是要求基金经理放弃对于某个特定的行业业已形成的固定思维,根据市场、产业和竞争环境的变化,站在较长的时间维度,从中选择最具备中长期发展前景的行业以及其中的优质公司进行投资。

行业轮动的方法不计其数,可以是基于经济周期的轮动,在周期板块处于低谷的时候买入并持有,也可以在量化的基础上进行大小盘风格的切换。然而,更高层级的行业轮动并不是简单的历史规律的重复,更多的是前瞻性的发现影响未来长期经济社会发展的趋势,例如中国的重工业化对于大宗商品价格史无前例的推动、智能手机渗透率提升对于整个互联网生态的改变、无人驾驶对于出行的革命性改变、新能源汽车对于传统能源的颠覆性革命等。这些趋势需要大量的阅读、大量的上市公司实地调研、与优秀的业内专家沟通交流去发现和积累,这种级别的行业趋势的把握会给投资者带来巨大的超额收益,也是我所追求的。

经济周期也好,大小盘的切换也好,都是行业轮动的不同角度。我理解的行业轮动的核心逻辑还是在于行业中长期的发展前景,行业增速是不是能够持续稳定的超越同期经济的增长,在国民经济中的份额持续扩大,最终能够体现出公司业绩的加速增长,这一趋势通常是较为长期的,往往持续数个季度甚至2~3年。例如钢价、锌价的触底回升从2015年年底就已经开始,至今持续了两年多;苹果产业链的业绩加速从2016年下半年就已经开始;新能源汽车产业链的启动从2015年就已经开始,而概念性的机会是无法支撑这一核心逻辑的。雄安也好、混改也罢,除非落实到真实的企业盈利增长,否则持续性和股价涨幅都无法与上述的行业相比,投资最核心的是赚企业业绩增长的钱,而不仅仅是估值扩张。

我相信在行业轮动策略的帮助下，能够挖掘出更多代表中国未来经济增长机遇的细分赛道，结合深入的上市公司调研分析，为投资者带来长期的更好的超额收益，最终分享中国资本市场长期巨大的成长空间红利。

申万菱信基金／卢　扬

震荡市中的定心丸——掌握合理定价能力

投资是科学与艺术的结合。投资的基本技能是普遍的，但艺术性是最难量化和把握的，需要岁月的打磨和沉淀。当时间拉长，投资心态放好，注重长期积累，会发现比较容易选择买点，从而争取超额收益。在我看来，短期博弈对投资能力塑造的有效留存较少，甚至可能会降低对公司内部真实情况的判断力和决断力。我会鼓励大家去看长期，从本质上做研究判断，避免短期追逐热点的风险。

洞察入微，合理定价

2008年大学毕业后我便进入公募基金行业，职业成长的过程中兴全基金的投研文化深植其中，我会学习各种投资大师的理念，其中巴菲特的长期价值投资理念对我影响最大。

在中长期投资的文化中，要获取长期超越市场的超额收益，就要有比市场更准确的定价能力，而这种"更准确的定价能力"首先是对投资标的的深入了解。我会长期跟踪和研究一批公司，努力形成比市场更强的定价能力，预测企业的发展方向和速度，培养对企业长期跟踪下的深入理解和敏感性。其次，就是对细节的把控，我认为洞察力也是合理定价的前提，细腻的心思是做好投资非常重要的品质。掌握上市公司财务报表信息是至关重要的投资门槛，可能在这一方面，会计的学习背景让我对财务数字背后的隐藏信息和关联内容更为敏感一些。

同时，"合理定价"的思维模式也日复一日坚定着我长期投资的理念，可以说某种程度上也成为我在震荡波动中的"定心丸"。一个公司在成长的过程中一定是不断波动的，但是对我来说，只要底部是不断上移的，就不会改变长期发展趋势。我们要做的就是持续不断地结合基本面波动做区间内的合理定价。

"自下而上"选手的投资观

整体而言，我可能更多的是一个"自下而上"的投资者。每个行业都会有高性价比的优秀公司出现，所以在行业配置上我会比较均衡，更看中公司本身，会把较多的精力和时间放在个股研究上。

如果一定要说说自己的能力圈的话，消费品行业应该是我有相对优势的能力圈。在成为基金经理之前，我做了9年偏消费品行业的研究员。我认为，消费行业的赛道很长，公司一旦构建出"护城河"就可以相对稳健地持续积累优势，从国外资本市场来看，长期跑出来的大牛股消费品企业占据了很大比例。

也正是基于此，在构建仓位的时候，我会首先选择中长期的品种作为主要底仓，而在中长期品种中，消费品又是最为熟悉，且比较有信心战胜市场、获取到长期超额收益的部分。

基金经理是一个需要不断学习、不断扩展能力圈的职业。在我看来，要以合适的节奏拓展能力圈，并且要善于不断反思、总结和积累；而拓展能力圈需要有包容的心态、变通的思维，以及发展的眼光。

在能力圈之外，除了投资技能，基金公司的投资文化、投研平台，以及研究员的能力支撑，也是支持基金经理不断拓展能力边界的核心力量。

基金经理的投资品格

投资者应该有投资的品格，作为职业投资者，我更相信长期"沉淀"的力量，鼓励大家关注长期，避免在短期追逐热点，其实是很有道理的。短期博弈对投资能力塑造的有效留存较少，可能会降低对公司内部真实情况的判断力和决断力。投资的技能需要岁月的打磨和沉淀，当时间拉长，投资心态放好，注重长期积累，会发现比较容易选择买卖点，实现更有效的定价，从而争取超额收益。

除了稳扎稳打的品格之外，风控意识可以说是合格职业投资者的另一个鲜明特色。我看中安全边际，意味着在长期投资中每一个关键点都不要犯大错，不要抱赌博的心态，在每一件或大或小的事情上都要注意风控。也正是因为强烈的风控意识，我们素来不争一时之先，而内部的基金经理的考核机制上也追求大概率获胜的长期投资理念。

对基金经理来说，务实是最基本的素质，在有效的自我驱动中可以获得成就感，时刻保持对市场的敬畏之心，不断完善进化自己的方法论，以期能够更好地适应不同的市场风格与特征。

兴全基金 / 乔　迁

融合时间要素，构筑投资四维空间

我的投资理念并不复杂，可浓缩成一句话，那就是"尊重时间，寻

方法篇
——主动管理

求确定"。而"时间"这个概念，我则将它定义为："耐得住寂寞。"

回望过去，所谓一场牛市一场梦，梦醒时分再回首，尽管市场解读层出不穷，但是不外乎围绕着资产定价理论阐述的三大维度展开：企业盈利、无风险利率和风险偏好。这三维空间的研究体系固然经典，但往往容易忽视了时间的价值，从而幻想经济转型迅速完成而不断推高创业板泡沫，漠视传统行业产业去化而错失龙头股盛宴。有鉴于此，我试图引入时间要素构建投资的四维空间，重点从时间轴的维度挖掘投资机会。

重视时间，是对收益和风险的深刻理解。正所谓，"资本市场，追涨杀跌易，理性独守难。"匆匆10年，A股太多的昙花一现，太少的历久弥香。复盘回望，从一个长期的视角来看，无论阶段性股价如何惊险回撤，真正收益率靠前的多是具有核心竞争力的公司。这些公司或行业高速增长，或企业家禀赋极佳，这两大价值均随着时间而不断发酵并最终得到市场认可。一些比较好的企业、行业，我愿意给它们充足的时间去兑现。还有一些传统企业，通过改善经营能提高市场占有率、利润率，有较高的业绩增速，我也愿意给它们充足的时间来兑现。因此，我个人注重从时间轴的维度挖掘投资机会，并挖掘估值已经调整到位的重点公司长期持有，充分享受业绩增长带来的股价提升。

重视时间，是对人性和概率的深刻理解。从某种意义上来说，投资是透过自身研究体系的盲人摸象行为，因此再成熟的投资策略也会造成观察结果的偏差。北宋大文学家王安石在《游褒禅山记》中写道："夫夷以近，则游者众；险以远，则至者少。而世之奇伟、瑰怪、非常之观，常在于险远。"这段话转而用于我们理解A股市场也颇有启发，它深刻地阐述了好的投资机会往往在人迹罕至的地方，因为人人都在盲人摸象，参与的人越多，股价偏差往往越大。当市场上涨的方向、时点和幅度往往不可兼得时，放弃时点的组合投资策略是我提高胜率的法宝。

2018年市场走势较弱，主要原因在于宏观去杠杆的影响超出预期，而贸易摩擦又严重打击了市场风险偏好。近来也不断有投资者问我，现在市场情绪较为悲观，作为基金经理，我如何看待？展望下一个20年，我认为中国依然是全球最具活力的经济体，我对中国经济的持续增长充满信心，而经济的增长必将带来企业盈利的持续提升，成为股价上涨的最终决定力量；同时我也认为中国股市具有鲜明的羊群效应特征，在底部时往往是市场最悲观绝望的时刻，因此只有具有独立的判断能力和坚强的意志力，才能在下跌时愈发乐观。

最后，投资是一个看似简单实则专业性极强的工作，任何时候都要努力控制贪欲和恐惧。我是一个独立性很强的基金经理，目标是在行情不利于自己时，控制回撤和波动；而在行情有利于自己时，可以重仓获得最大回报。"春种一粒粟，秋收万颗子"，在公募基金的下一个20年，我们将以时间钥匙打开投资的四维空间，并在里面积极寻找风险收益比高的品种，期待着时间的玫瑰催生出价值的芬芳。

光大保德信基金／何　奇

大道至简，只做能看明白的投资

做投资的时间越久，则必然会越谨慎，因为经历了大风大浪，才会重视对风险的控制。投资最重要的是方法论要能够持续，并且活得长久，所以投资反而会变简单，因为会越来越只愿意做自己能够看得明白的投资，正所谓"大道至简"！

方法篇
——主动管理

风险控制在股票市场的投资中被一次又一次地提起，然而投资者仍然会选择性地忽视风险。假如你让美国投资者说出20年来印象最深刻的股市事件，那么2000年时科网泡沫的破裂必然在其中，然而由科网泡沫破裂引起的电信泡沫的破灭所造成的后果其实更加严重。20世纪90年代，由于受到数据通信在平均每两个半月的时间就能增长1倍的前景所鼓舞，全世界的电信公司均开始疯狂投资光纤电缆，这一工程在5年内耗资4万亿美元（2000年时美国的GDP总额为9.9万亿美元）。然而却没有人想过如果预期的美好前景并未如约而至会发生怎样的后果，整个资本界以及大量投资者被虚拟的美好前景蒙蔽了双眼，将手中的钞票撒向电信业，大量的廉价资本的涌入使得电信业在20世纪90年代迅速扩张，美国电话电报公司、世界通信公司、北电网络等电信业巨头个个是资本市场的宠儿。

以北电网络为例，让我们看看这个当时美国资本界耀眼的明珠是如何从神话跌落凡尘。2000年7月是北电网络最辉轻的时刻，其市值高达2 500亿美元，股价高达124.5美元，营收280亿美元，它是美国证券业的掌上明珠，整个美国几乎所有人均握有北电网络的股票，即使你不买股票，但你购买的基金也一定持有北电的股票，甚至你远离资本市场，但你的养老基金也一定购买了北电股票。当时，电信业看似一片繁荣，北电在全球各地的工厂开足马力生产着光纤网络产品，以满足似乎供不应求的市场。

然而，寒冬很快就来临了，忽视风险并不代表没有风险。行业预期的庞大数据流量并未到来，大量中小电信企业开始纷纷倒闭，而北电的产品也立刻从先进成为过度超前的代名词。当北电的产品开始滞销，库存高达40亿美元时，资本市场开始慌张起来，纳斯达克股指直线下降，那些大量持有北电网络股票的基金净值也开始疯狂下跌，急速崩盘局面已然形成,电信业泡沫的破裂使得北电的股价飞速下降,到 2002 年 10 月时,其股价已由最高的 124.5 美元跌到仅剩 67 美分。在之后几年,北电也一直在蹉跎岁月,一系列的战略失误以及关于 3G 技术的选择失误使得其错失全球的大部分市场,最终使得这个百年企业在 2009 年申请破产保护。

为什么 2000 年时包括股票分析师在内的所有人均选择性地忽略着电信业繁荣背后的巨大风险?最重要的原因便是该行业存在着较高的认知壁垒!所有人均是雾里看花,很多投资者自始至终搞不清楚电信业中的企业分工以及现实世界真正的需求,往往盲从于权威,认为市场一片光明,不会崩溃。光通信技术的确了不起,但很少有人能将其与现实真正的需求准确相连,甚至北电网络自身也不行。那些看不懂的投资背后往往隐藏着巨大的风险,而这些风险也很容易被盲目的乐观所忽视。

那么投资应该如何控制风险呢?我认为首先便是只做能看明白的投资,并且通过分散均衡持股,来规避市场风险。因为真正的投资收益率要么来自时间复利的价值,要么来自控制风险,少犯错误,获取稳健且持续的回报。一次好的风险控制抵得上数次成功的投资,风险总是无处不在的,因为人性总是相似的,而历史总是重复的。这就意味着,在做投资的时候,看的维度需要比别人更广,毕竟历史并不是马上就能重现。选股时要注意尽量选择那些有长期趋势和增长空间,并且能够看得明白的优质个股,从而获取确定性强的投资收益。

此外,做投资拥有国际化的视野也非常重要。自 2016 年以来,随着港股通、A 股纳摩、中概股回归等大事件的持续推进以及监管政策鼓励上市公司回归本源,A 股市场正在越来越国际化,因此,投资者的思路与格局不能再仅仅局限于国内。以往的 A 股市场是一个封闭市场,在一定程度上使投资者丧失了价值发现的能力,而未来,随着 A 股估值国际化进程的继续，我们需要有更为国际化的视野。

2018年是中国公募基金行业成立20周年的新起点，在12万亿元资产管理规模、近5 000只基金数量的基础上，我相信未来公募基金行业发展将更加精细化、民生化、智能化；基金投资也将更加精细、多元，资产配置将更加普惠化；基金管理也将更加自动化和数字化，金融科技与资产管理行业融合的趋势日趋显著，优秀的基金公司也将会成为出色的金融科技公司。

不忘初心，砥砺前行。站在新的历史节点，我们将始终秉持"专业创造价值"的理念，不断提升自身的专业投资能力和审慎的风险管理能力，见证行业成长，也与基金投资者一路风雨同舟。市场风险与机遇并存，发展任重而道远。

泰康资产／桂跃强

股票投资的初心和进化论

身处资本市场，林林总总的变化总是让人目不暇接，但我想，变化的东西越多，可能越需要我们关注不变的东西，回到资本市场建立的初衷，或许才能让我们更加深刻地洞悉投资的本质。

我们回到1602年，回到波澜壮阔的大航海时代。彼时，为了抗衡英格兰，14家公司联合发起成立了荷兰东印度公司，其股份的60%更是向阿姆斯特丹的公众发售，这是世界上第一家股份公司，第一次开始有了股票的概念。

那么股票产生的初衷到底是什么？

16世纪末最贵重的贸易物品之一是香辛料，尤其是胡椒和肉桂。由于这些香辛料可以大幅提升肉食的味道，同时又可以兼具防腐功能，所以在欧洲市场极受欢迎，但这些香辛料当时只产于印度和东南亚等远东地区，运输费用昂贵，因此其价格可以媲美黄金，蕴含着巨大的商业价值。1595年，由阿姆斯特丹和鹿特丹商人集资成行的船队抵达了爪哇岛，顺利将香辛料载回。成功的航海带来巨大的财富，使得荷兰国内大受鼓舞，其后很快就成立了前文所说的荷兰东印度公司。

股份制结构的设计，使得耗资巨大的远洋船队得以快速筹集资金，而且即使有船队倾覆等风险，也不会导致单个股东的全部身家完全湮灭。荷兰东印度公司极为成功，不仅使得荷兰这个小国一跃成为"海上马车夫"，更为投资者带来持续近200年的平均年化18%的股利，巨大的财富创造能力让人咋舌。

在这里我们领悟到，巨大的成长潜力、风险分散机制、资源凝聚机制以及参与者各方之间的信任，共同促进了股票的诞生。这是股票市场建立的初衷，这几项非常关键，环环相扣、互为因果。400多年过去了，股票市场已经成为金融市场的支柱，无数明星企业在其中起起落落，如同大千世界的物种，在时间的海洋中进化循环、生生不息。

拉长时间段来看，历史上大多数成功的股票投资，无外乎都坚守了这些初衷。

首先，一定要投具备巨大成长潜力的企业。所有成长股的上涨过程，几乎都是满足了某种数学范式的扩张，发现并深度理解其扩张的范式，是我们采取重仓行动前的必要功课。我们喜欢重仓投资医药行业，本质上还是因为这个行业的很多成长逻辑非常通顺，有很多优美简洁的成长范式。

如果在中国找不到这类公司，就去全球范围找；如果还是找不到，宁愿空仓。也许优质公司短期可能买在价值稍贵的位置，但假以时日，时间逐渐会站在成长者的一边。

反观那些业务接近市场天花板的成熟公司，其成长动力衰竭，现有的赢利结构往往面临着新技术、新模式、新进入者的挑战，长期分红能力将日趋衰退，此时的价值投资者往往冲着便宜的 PE 去买，但却忽视了作为分母的 EPS 随时可能大幅度下调甚至变成亏损。这类公司，很容易产生价值陷阱。

其次，一定要注重风险的分散。股票市场有种说法，每天观察市场，唯一不出意外的事情，就是一定会有意外发生。风险无法被管控，只能被分散，分散的出发点是控制回撤，因为回撤本身具备数学上的不对称性，一旦回撤 50%，就需要上涨 100% 才能回本，而一旦回撤引发了资本的撤资，则回本的机会都不复存在。

桥水基金的达利欧说，成功投资的关键，是找到若干条不相干的、具有正向回报的现金流。不相干本身，即是风险分散的要求。要求简单，想做到则非常难。一个同时了解制造业、消费行业、医药产业，又同时略懂宏观经济、产业政策、市场战略，还能同时操作股票市场、债券市场、外汇市场的基金经理，其培养周期可能至少长达 10 年。

此外，在实际股票投资中，风险分散意识的放松，往往来自贪婪。客户对于短期回报的诉求、基金经理本人对于短期排名的追逐、市场阶段性释放的乐观氛围，都在用更高的收益潜力来诱使基金经理放弃对风险分散的自制。能不能有超脱感，能不能自省和自我约束，可能反而是取得超额收益的关键。

最后还要谨记，只有人本身才是能够不断创造价值的最重要资产。而对人力资源的组织，最好的方式就是公司，英文"Company"，本意就是人与人之间的关系，一群人为着同样的愿景组织在一起。所以，如果我们相信人类社会有光明的未来，只有一种获取资产增值的方式可以穿越一切周期，就是与一群优秀的人才小分队为伍，也就是拥有优质公司的股份。

在市场经济中，良好的机制能够激发出人的主观能动性，其潜力不容小觑。如果仔细研究过世界战争史，我们很容易理解，当两军对垒出现转变奇点之时，双方力量的此消彼长会戏剧性的出现剧烈翻转。正所谓"兵败如山倒"，市场竞争格局的变化，往往是在经历了长期僵持之后，扭转发生在电光火石之间。这种电光火石时刻，就是超预期产生的时刻，也是资本市场价值迎来剧烈价值重估的时刻。这种量变引发质变的奇点时刻，如同地震，无法被预知，只能被等待。

从投资者角度来看，采用简单线性递归的经营预测，忽视外在经营环境关键变量的重大变化趋势，忽视人这个最大变量可能引发的经营潜力释放，会很容易落入对估值的偏执、对成长性机会的熟视无睹。很多估算精确的财务模型往往基于线性假设，在产业结构调整中，经常会变得失真，从而在对投资的指导上频繁贻误战机。

我们为什么要花那么多精力和成本仔细开展行业分析、公司分析？我们为什么要拉长建仓周期来慢慢观察公司经营行为的变化？本质上无非是想要确认，我们希望投资的那一群人，是否足够优秀，是否有足够的进化潜力能够应对繁复的市场变化，是否有足够的胸怀和伦理能够与股东分享成长。

如果一家公司的治理机制谈不上分享，谈不上营造投资者对经营者的信任氛围，谈不上对资源和共识的凝聚，其公司股票将无异于一张赌票，涨跌与经营面何干？

谈完了初衷，我们再聊聊进化。如果说回顾初衷可以产生一点点基本的信念，那么对进化的观察，将体现我们作为人类有限理性的前沿。

方法篇
——主动管理

闲时，研读人类进化史，突然有一种想法映入脑海，我在想：我们现代智人最老的祖先，是怎样的一只毛发稀少的裸猿？它，到底是如何在一堆毛发茂盛的同类古猿的歧视与恐惧中，打出自己的一片天地，最终子嗣繁衍，甚至成为这个星球上的主宰？

大多数成长型公司，与物种一样，并非只有最高、最大、最强才能一统江湖。恐龙世界让位于哺乳动物世界正是活生生的例子。同样的进化规律，都选择指向了最能适应环境变化的一方。因此，孤立地分析公司，静态地做财务数据的横向比较，实际上很难指向公司在环境中的真实竞争优势。

世界很复杂，理性很有限。宇宙中有千万个银河系，而我们连离我们最近的火星都知之甚少。我们能做的，就是时刻保持对现实、对市场的谦卑和敬畏，一方面要如饥似渴地学习，以跟上时代的步伐；另一方面又要多做减法，时刻做好将自己的既往认知清零的准备。

乔达摩·悉达多在大千世界中入定，不为外界所动，最终参透万物之理，成为佛陀。正视现实世界的复杂性和多样性，同时又能向自身寻找纯粹坚定的力量，或许这才是正确的应对之道。就我的理解而言，投资组合的业绩，只是基金经理本人知识储备、世界观、价值观以及方法论的自然外溢的结果而已。不同的个人与团队积淀，会对各种证券的风险回报有不同的认知深度，组合管理的动态调整过程，就是认知的变现过程。提升组合回报的核心路径，只能是通过基金管理者不断追求自我进化来实现。

投资者在更多时候，更像一个被裹挟于进化大潮之中的观察者。古人云："朝闻道，夕死可矣。"在观察之中，我们能够荣幸的获得发展自己哲学的机会。我们观察进化，我们也在进化。最终，将我们的思考以基金组合的形式释放出来，从长期出发，寻求基金资产的不断增值，这就是我们终极的数学范式。

汇添富基金／刘　江

投票机与称重机，龙头公司的四大筛选之道

大道至简，知易行难，股市亦然。股票价值是企业未来现金流的折现，股票价格围绕股票价值波动。股票价格波动一部分来自企业自身经营状况的变化，一部分来自交易层面的博弈，人性深植于后者，贪嗔痴慢疑均在交易中聚集。由于人性的贪婪和恐惧给予股价一种正反馈，导致短期的股价波动进入一种不稳定的混沌状态，其走势几乎不可预测，而且波动幅度不小，经常掩盖掉企业经营状况改变导致的股价波动。交易并不产生价值，拉长时间看，交易层面的波动结果终将归零，如格雷厄姆所说："市场短期是一台投票机，但长期是一台称重机。"

佛教言要修行必先除五毒，我等皆凡人，面对市场的波动一样无法克服恐惧和贪婪，只有远离市场短线波动，潜心研究公司经营情况，让时间、让概率去平复短期波动，如巴菲特所言："想要看清市场，先要远离市场。"不畏浮云遮望眼，只缘身在最高层。

职业投资的目的在于价值发现。要想取得好的投资业绩，跑赢市场，需要一个稳妥的投资策略作为决策基础，并且有能力控制自己的情绪，使其不会对这种策略造成侵蚀。作为一名基金经理，追求的基本目标无非就是保障资本安全，获得持续稳定的收益，赚取超额回报。

从业多年来的研究投资经历使我坚信研究创造价值，因此时刻保持勤勉的态度，做全面的研究，对企业经营模式、发展前景、护城河、管

方法篇
——主动管理

理层视野和意愿、折现率高低、确定性等各个方面进行全面的分析判断，尽量还原企业的真实价值，寻找价格对价值的偏离以确保资金的安全和超额收益。实际上市场中大多数股票的价格接近于其实际的价值，因此有时采用绝对PE估值法进行投资的效果并不好，但这其实是对PE的错误理解和使用，并不能据此否认价值投资，并非买入PE低的公司就是价值投资。

从我的研究经历来看，市场最多的机会出现在高速成长的龙头公司中，由于公司的飞速成长，往往导致市场对其定价不足，从而产生了价格对价值的偏离，市场超额收益的主要来源是企业快速增长的销售额和净利润。

因此，我在股票投资组合的构建中，在全面的基本面分析基础上，重点研究公司赢利能力和赢利质量，一般进入投资组合的股票需要满足以下几个条件。

第一，公司所处行业仍处于高速成长中。

第二，公司在行业中的市场占有率不断提升。

第三，公司的产品和服务面对的市场需求足以支撑公司未来多年的高速发展。

第四，公司的收入增速、利润增速和毛利率高于同行业其他公司，并且呈现加速趋势。投资组合构建以后，仍需不断跟踪，关注宏观经济的走势、行业的前景，以及公司经营方面的变化，至少每季度对组合内股票的情况进行一次详细的分析，如果发现公司营收和利润增速有下降的趋势或者公司其他基本面上有不利的变化，则需要快速坚决地对投资组合进行调整。反之，只要公司基本面不发生变化，好的公司就继续持有，耐心等待股票价值的回归，长线是金。

"道可道，非常道。"我们要始终保持一颗对市场的敬畏之心、对持有人的感恩之心，以勤勉尽责的态度上下求索，不忘初心砥砺前行，不断实现更好的自我，争取更好的收益。

金元顺安基金／孔祥鹏

通往绝对收益之路

我是2008年加入公募行业的，从研究员一直到基金经理再到现在的投资总监，市场熟知我是打新专家，我所在的团队曾经把该类产品规模成功做到500多亿元，收益率也始终位于行业前列。2015年加盟西部利得基金，组建绝对收益团队以来，一晃也有3年的时间，回首过去3年来自己带领团队在绝对收益道路上的不断探索前行，有很多感悟与大家分享。

从业10年，我最大的感触就是基金行业并没有成为一个普遍受人尊敬的行业，其原因就是多数持有基金的投资者并没有实实在在的获得投资收益。虽然多数基金长期看净值是上涨的，但投资者持有基金却未必赚钱。2014年和2015年打新基金的爆款促使我们思考：什么样的基金产品是投资者真正需要的？新股的无风险收益去除后，有什么手段可以创设出同类的基金产品，而该类产品的基本特点是：策略本身首要考虑的是投资者的投资风险；在风险可控的前提下，收益适中而稳定，目标收益锁定在6%~12%，追求高于固定收益产品的收益目标；净值低回撤，投资者在持有期间可以安心持有而不必为短期的大幅波动忧虑。

为此，我们把团队精力主要放在了偏债混合策略产品的打造上，3年多来我们持续努力，从正反两方面的经验教训中不断总结，团队初步

方法篇
——主动管理

形成了一整套适合上述产品收益风险目标要求的投资方法和投资框架。从产品策略方面，我们也做过一些积极的尝试，譬如用量化手段管理股票仓位。从产品形式上，我们分别用专户产品和公募产品进行尝试，结果是有些策略成功，有些策略则效果不佳，未能实现绝对收益的收益目标，如果客户资金带有成本的话，本质上也是亏损的。

我们在长期的实践中，总结出以下几个方面是该类策略的核心考量点。

第一，收益目标和最大可承受风险的评估。这一方面和客户的资金属性及期望投资收益率有关，另一方面又深受预期未来1~2年市场变化趋势的影响。作为基金管理人，我们有义务从一开始就从客户的风险承受度和期望收益目标出发去对接匹配市场的可能收益风险机会。

第二，团队的复合一致性。该类策略成功的关键在于团队必须融合宏观策略、权益、固定收益、量化及衍生品等多方面人才，并且在实战中逐步将团队成员理念融合于一体，用共同的理念去指导日常的投资行为。

第三，深刻理解收益和风险的关系，控制风险是重中之重。收益是对承担市场风险的补偿，但是该承担什么类型的风险、承担风险到何种程度、何时应该承担风险而何时应该规避风险，这些是做好绝对收益多策略产品时需要反复加以考量的。

从我们实践的结果看，我们打造的几款产品目前基本达到了我们的策略目标，当然和理想水平还有一些差距，需要我们进一步努力。2017年我们的产品普遍战胜市场债基货币等固定收益产品，但并未战胜同类的偏债混基，原因在于我们时时注意潜在的回撤，而市场多数混基根本不考虑权益仓位的可能回撤，当然这也导致了2018年这类产品净值的大幅度回落。2018年我们的产品在上半年成功实现正收益，跑赢大多数同类偏债混合基金和多数FOF，但未能跑赢债基和货币，当然，时间还有，我们相信到年底，我们的产品能够追上债券基金的收益水平。从连续两年股债交替牛熊的角度来看，客户持有我们的产品的体验满意度明显高于单纯持有债基、股基或一般的并无绝对收益理念指导的混基，这也正是我们团队孜孜不倦地追求的目标所在。

我们相信，基金行业即将告别过去20年发展初期大起大落、营销驱动的粗放模式，进入精耕细作、客户体验主导的消费时代。我们将紧紧围绕这一目标，精益求精，不管市场如何变幻，始终致力于为投资者提供安心稳健的投资回报。

西部利得基金／周　平

复利下的长期投资与资产配置策略

复利，被称为是世界第九大奇迹。而想要享受复利带来的长期收益，长期投资是一个能够大概率成功的方法。

然而，在我们与投资者的沟通过程中，发现长期投资是一个模糊且易被误解的概念。有人会质疑，持有的基金表现不达预期是否还应该坚持长期持有？也有人会举例，持有某只基金多年依旧亏钱。

我们认为，长期投资代表的理念是，拉长持有周期，以承担一定的波动为代价，来获取所投资资产的长期合理回报。这样的心态和方法，对于参与基金投资来说，尤为重要。

我们用数据来说话。

图1和图2展示的是美国股市（1927—2017）和中国股市（1993—2017）以年为单位的持有收益率分布。从图中持有1年、2年、5年、

方法篇
——主动管理

10 年、20 年甚至 30 年的收益率分布数据来看，我们可以发现，当持有期为 1 年时，投资者能从股市中获得的收益非常不确定，可能赚 50% 也可能亏 50%；当持有期为 10 年时，投资者的年均回报大约在 −5% 到 20% 之间；而当持有周期拉长至 20 年，股市的年均回报已经是非常大概率的正收益了。

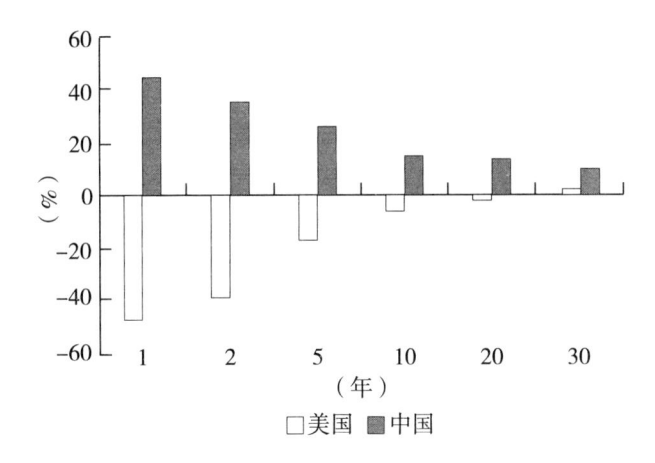

图 1　美股持有周期与年回报

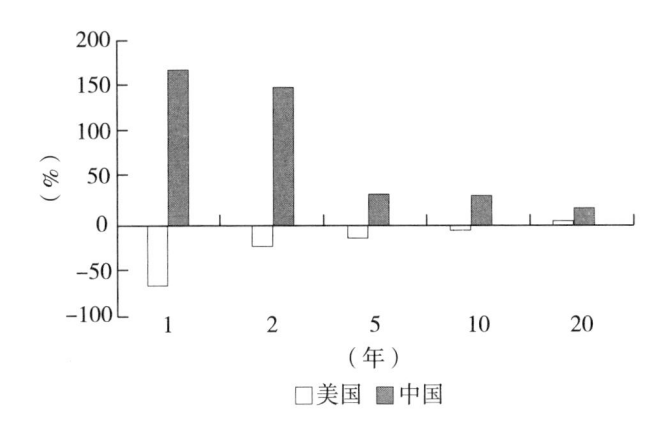

图 2　A 股持有周期与年回报

突围
——88位基金经理的投资原则

也就是说,除非投资者对自己判断市场走向的能力非常有信心,否则更好的选择是长期持有,因为长期持有能带来的预期回报更稳定、胜率更高。

然而,长期投资也并不是毫无章法的买入持有,那么,如何用更加科学的方法做到长期投资这件事情呢?

首先,要对股票资产的预期收益与风险有清晰的认识。

风险和收益是永恒存在的一对双生子,想获取一定的回报,就必须承担相对应的风险。所以,投资者想要获得高于无风险收益的回报,最可靠的做法是承担市场给予一定溢价的风险,而股票资产之所以在各大类资产中享有较高的预期回报,正是由于其承担了无法通过分散投资消除掉的系统性风险。

认识到这一点,投资者持有股票型资产,就必须要提高对波动的容忍度,试图通过频繁进出来回避下跌抓住上涨,很可能会获得适得其反的效果。

自下而上来看,股市的收益来自盈利的增长和估值的提升,代表情绪的估值短期内容易大起大落,而长期则相互抵销,股市的长期收益大致能与盈利增长匹配。

正是由于长期而言股市的估值将向均衡水平靠拢,投资者能获得的预期年化回报与进入股市时的估值有很大的关系。同样的持有周期,在估值较高和较低时进入股市,所能获得的平均年化回报和胜率有着较大的差异,如图3和图4(1993—2017)所示。

总结以上分析,理性的投资者在股市择时这件事情上,最应该关注的是在低估值(高预期回报)的区域选择进入股市开始长期投资。

其次,要结合自身的风险承受能力进行一定的资产配置。

方法篇
——主动管理

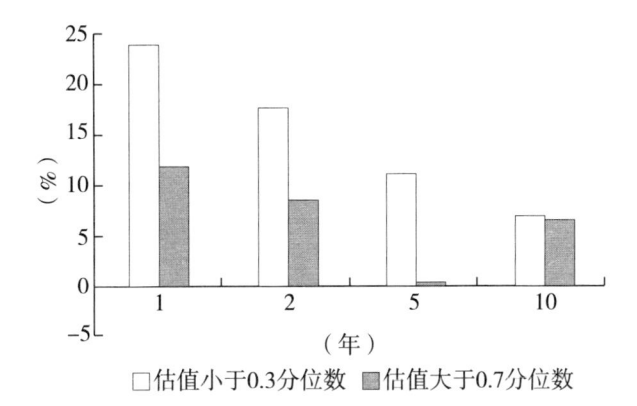

图3　A股入场估值分位与年回报

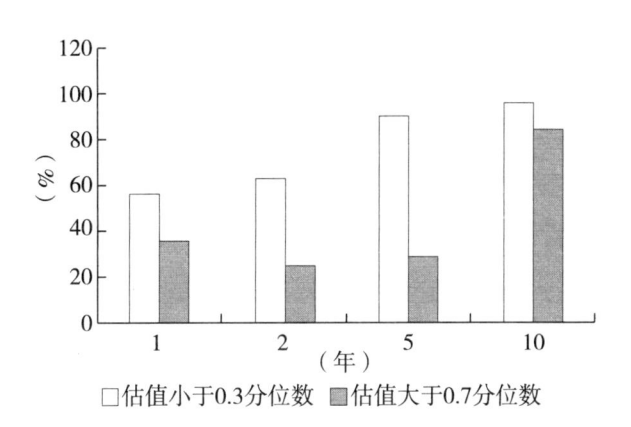

图4　A股入场估值分位与胜率

尽管有很多投资者也认同长期投资的理念，但要真正做到是一件极其考验人性的事情，就算在低估值的区域进入了，稍有盈利，便有各种止盈的想法；就算享受了一波牛市，当熊市来临时，总会在大众极度悲观时想要抛售离场。

假如投资者将总资产中大比例的钱都投入股票市场，那么面对高波动，心态是很难保持理性的，也就很难做到长期投资这件事情；假如投资者根据自己的风险偏好及对现金流的需求,将总资产的一部分以合适的比例投入股票市场,就能够用更加理性的心态来坚持长期投资。这是资产配置的第一层含义。

资产配置的第二层含义则是时点的选择。这里的时点选择并不指进行择时,而是战略配置的视角——在股市低估值区域逐步进入,在高估值区域停止进入(如果更专业一点,可以适当退出)。这样的配置方法赚的是估值水平长期来看大概率恢复均衡的钱,不依赖于任何的择时能力,所要承受的是短期的波动。

而资产配置的第三层含义,则是对基金的分散持有,参与基金投资不代表只能选择一只基金,在对基金投资风格和获取超额收益能力有一定了解的基础上,分散持有不同风格的但长期来看都有显著超额收益能力的基金,也能对整体资产的波动起到一定的平滑作用。但需要注意的是,选定基金之后对基金的考核时期也需要适当拉长,否则频繁地在不同风格的基金中追涨杀跌,也会造成相当大的收益损耗。

投资是一项长跑运动,我们始终怀着勤勉敬畏的心态来管理委托人的资产,希望投资者能与我们坚定携手,用长期投资的心态,与我们一起分享长期投资的果实!

博道基金／杨 梦

价值博弈者的走钢丝平衡术

在担任基金经理之前,我也和大多数同行一样担任行业研究员,覆盖过周期、成长、消费等多个行业,惭愧地说对其中大部分行业并没有达到精通的程度，但所幸对各行业的理解和跟踪打下了一定基础，培养了对行业发展做预判的感觉。也正因如此，我认识到单凭一个人做研究的片面和不足，因此做公司研究会更多的借助外力。然而无论卖方研究、买方研究还是行业专家均有其优势亦有不足，对外界研究信息的甄别和解读是我做研究的一大工作。

担任基金经理后，我将自己定位为一个价值博弈者。何谓"价值博弈"？价值着眼长远，发掘企业长期业绩增长带来的回报，而博弈考虑短期，如何在与"市场先生"做对手的过程中获得盈利。价值投资自不用多言，在股市长期获得回报主要来自持有公司经营业绩的成长。之所以要加上博弈是源于对A股市场的观察，与美股长牛市场不同，A股市场的波动性远高于美股，即对同样的公司和业绩，A股市场在不同时间给予的估值差异非常大，平均来说估值波动贡献了股价波动的70%。因此对一个公司的当期股价变化判断除了本身业绩，也需要把握市场对该公司的喜恶程度变化（估值上升/下降）。此外A股市场比较情绪化，往往将部分公司的估值追涨/杀跌至非理性的程度，那么估值的均值回归也会带来不错的获利空间。价值博弈就是希望能够找到长期和短期投资的平衡，在风险合理的情形下，既能看长也能做短。

我从自身的投资经历中总结以下3点经验，以飨读者。

以前瞻性的思维去思考问题。许多人喜欢从后视镜中看公司，而不是用望远镜来看公司。但股价是对公司未来现金流的折现，对未来预期的影响远高于以往业绩。因此，我们需要通过各种前瞻性的指标观察和推测行业、公司的变化，通过预期的变化来推演股价的涨跌。

多做研究少做交易，减少做决策的频率。作为投资者，在股票市场上无法避免犯错和踩雷，能够做的是通过细致深入的研究来降低犯错的概率。因此，做研究的时候要做加法，而做投资的时候要做减法，也就是要能抵制住诱惑。重仓参与一个确定性高的机会要比轻仓参与每个机会的收益好不少。

用多重思维去解读世界。股票价格反映的不是真实的未来基本面，而是参与者对基本面预期的综合，因此其波动也不是完全由基本面信息驱动，需要第二重思维的解读。即对股票的判断并不是"如果发生 A 事件，股价会怎么走"，而是"如果发生 A 事件，市场参与者会如何反应，从而推测出股价该怎么走"。因此，短期的利好往往应该卖出，而短期的利空则会带来较好的买点。

诺安基金／蔡宇滨

用绝对收益理念做长期投资

"为投资者提供持久卓越的投资成果，为所有者提供富有吸引力的长期回报，为合伙人提供实现职业生涯的机会，这是资产管理的灵魂。"全球投资管理行业终身贡献奖获得者、格林威治合伙人公司创始人查尔斯·埃利斯的投资格言，一直是激励我从事基金管理工作不断前进的座右铭。

在我看来，持有人能够把辛辛苦苦积攒的真金白银拿来购置基金，那我们就必须成为持有人资产的守护人，始终心怀谦卑和感恩，始终如履薄冰，勤勤恳恳做业绩。

"稳"格局当均衡配置

着眼于当下，我认为中国宏观经济仍将保持平稳，流动性环境在金

方法篇
——主动管理

融去杠杆的背景下有望维持稳中趋紧的格局。那么当宏观经济整体平稳的时候，就应该更多地从企业盈利角度来考虑投资决策，也就是说看哪些行业、哪些公司能够真正把企业盈利做到比较好的水平，这时股价可能会有更好的表现。

站在资产配置角度，整体的投资决策应当在价值和时机中做出平衡，侧重找出盈利趋势持续向好的行业及代表性公司，均衡配置。

具体到个股的选择标准，首先要看安全边际。通过横向、纵向比较板块及公司的具体估值，观测估值的合理区间。如果公司估值处于合理或偏低的状态，便具备一定安全边际，资产净值的回撤风险相对较小。其次是观察未来的成长空间及发展潜力。考量因素包括公司未来发展战略、公司管理层的执行能力，以及相对应的政策和市场环境是否支持它能够做大做强。最后要从中短期来观察公司在经营或者业绩上有没有亮点，使得它低估的价值被市场挖掘出来。

对于标的公司的市值，我认为不是越大越好，也不是越小越好，我会重点观察公司的估值和成长之间的匹配程度。因为不管是价值还是成长，到最后都会体现在这个公司的市值或者股价上。对于市值较大的行业龙头，大家会看你的估值和成长性之间的匹配度；对于市值小一些的公司，大家会看你是不是真的能拿出好业绩来。

用绝对收益理念做长期投资

"华尔街教父"本杰明·格雷厄姆曾把证券市场比作"一位得了狂躁抑郁症的重度患者"，"涨跌"情绪总是起伏不定，随时扰动着我们的投资决策。那么作为职业投资人，还是要不断向前看，通过更加耐心的长期持有来战胜市场，获取绝对收益。

从管理的角度来看，我是希望能够以时间换空间，不去搏短期的主题、热点，不追求短期的爆发性，希望能找到真正具有成长性的公司，通过长期持有的方式来分享公司成长的收益，最终在公司的市值和基金的净值上有所体现。

我曾在国外以管理培训生的身份工作过两年，这也让我对一家企业内部各个部门如何运作有了非常直观的印象，明白了企业的一个决策从做出到实施再到兑现成经营成果是一个渐进的过程，也帮助我对企业的业绩成长性有了更为踏实的理解，不会特别急功近利。

同时，我也比较注重公司的基础价值和安全边际。很多安全边际看不清的公司，或者是基础价值不够确定的公司，我可能更加谨慎，一些看不清楚的可能就选择不参与。因为对我来说是想获得长期的绝对收益，所以确定性可能要比这种向上、向下的所谓的空间更加重要。

坚持 ESG 投资原则

在资产管理行业竞争日趋激烈的当下，以环境保护、社会责任和公司治理（简称 ESG）为核心的社会责任投资理念，代表着当前国际投资、经济发展、资产管理行业发展的新趋势。那些 ESG 表现良好的企业，能够更加稳健、持续地创造长期价值，实现经济效益、社会效益和生态效益的共赢；基金行业持续投资于 ESG 表现良好的企业，能够帮助这些企业得到更好的成长，有利于改善企业经营绩效，从而提升投资者的长期回报；围绕 ESG 进行社会责任投资，也能更好地促进基金行业实现可持续发展，真正帮助基金行业在追求长期投资、价值增长的同时兼顾经济和社会效益。

所以在日常的投资研究决策中，我们一直把 ESG 作为投资决策的重要标准和体系，一直顺应社会资源配置的大方向去投资有利于中国长期发展的产业，从而为投资者持续创造财富。同时，要坚定地投资于符合经济发展趋势、有益于经济和社会发展、治理结构规范、代表产业发展方向、注重环境保护的企业。

我们的基金经理、研究员不仅关注标的公司的财务绩效，更会关注社会责任的履行，考量其在环境、社会及公司治理方面的表现。目前来看，在无特定要求的比例下，我们的实际挑选与投资标的，都会参考ESG指标分析，并均达到了指标要求，也获得了良性的净值业绩回报。

华商基金 / 李双全

如何挑选具有阿尔法的标的

公募行业发展到今天，其商业模式已经比较成熟。概括来说，提供的产品有三类。

第一类是货币基金，它提供较为安全的、收益率远高于银行存款的现金管理方式，是目前最成功、规模最大的产品。

第二类是指数基金，它提供较个人直接投资更方便、更分散、成本低廉的资产配置工具。

第三类是各个基金公司的明星基金，通常是评价一家基金公司投研实力的最重要指标，它就是主动管理型基金。"创造超越市场基准的收益"是它的目标，通俗地说就是挣更多的钱，这无疑是所有投资者最大的追求。这一目标当然是非常困难的，"一赚二平七亏"的经验表明，90%的主动投资者都无法战胜市场，真正能赚钱的人通常只是那最顶尖的10%。

对于个人投资者而言，投入的时间精力有限，专业知识的储备有限，要成为最顶尖的10%谈何容易？因此这一任务也就自然落在了公募基金这样的具有专业优势、团队优势的机构投资者手里。

如何做才能获取超越市场基准的收益呢？说难也不难，只需要做两个决策：第一，各类资产的配置比例分别是多少？第二，在各资产类别里，如何去挑选具有"阿尔法"也就是超额收益的子类别或具体个券？但说简单，肯定也非常不简单，因为要做这两个决策实在不是一件容易的事情。

我们总结下来，要做这两个决策，需要回答下面两个问题。第一，整个经济机器运转的情况如何？也就是常说的基本面分析。具体来说，整体经济处于哪个周期？哪些部门在扩张/收缩，为什么？政府在做什么，它想达到什么目标？在上述观察的基础上，才可以进一步思考，在这个背景下，哪些资产未来可能长期创造更高的回报？

但资产价格并不仅由宏观经济一个因素决定，因此就有了第二个问题：资金在如何流转？这通常是决定资产价格中期走势的最重要的因素。货币和信贷扩张速度如何？央行在执行怎样的政策，它的目标是什么？整体流动性的状态如何，其总量增速多少？各类金融机构的资产负债情况如何，在扩张还是在收缩？基于它们的现实条件和逻辑，哪些资产更有吸引力？在这些观察的基础上，才可以进一步思考，各类机构会如何行动，会买入/卖出哪些资产？这样就可以分析资金将会如何流动，进而决定中期的资产价格变动。

鉴于上述这两个问题的复杂性，基金公司通常会组建相当规模的投研团队，基金经理和研究员们共同协作，试图去更好地理解经济、理解金融市场，进而捕捉市场机会，创造超额收益。

但凡是由人参与的活动总是充满了复杂性，金融市场尤其如此。即便是最聪明的研究员也很难保证自己总能完美地回答上述问题，看错、

"被打脸"往往是常态。因此,光靠卓越的研究并不能保证一定能带来超额业绩。要想实现长期的优秀业绩,还需要做好组合管理,其中重中之重就是风险控制。

一个基金组合目前在承担哪些风险?极端情况下潜在的最大损失有多少?当前承担的风险是充分分散的吗?是否与基本面研究的逻辑一致?……这些问题如果不得到妥善的回答,往往会造成难以弥补的损失。

极端来说,假设一个人有99%正确的把握,但如果他每次都投入自己的全部本金去投机,那随着时间的推移,总有一天他会破产,无论之前挣过多少钱。因此,投资纪律有时甚至是比投资研究更为重要的课题。

我们强调"纪律为本、稳健增值"。面对如此复杂的市场,以极大的热情去研究它、尝试去理解它,但同时又时刻心存敬畏,永远把风险控制放在第一位。

20年来中国公募基金行业实现了诸多飞跃,但相比国外更成熟的机构,我们还有很多不足。展望未来20年,相信中国会像国外一样,形成一批以专业立身,能够为客户长期创造价值的优秀公募基金公司。作为从业一员,我们任重而道远。金融市场风云跌宕,让我们以最勤勉的研究、最谦逊的态度去迎接,共创美好未来。

鹏扬基金／王　华

顺势而为,投资必知三大要素

15年的投研生涯,四十不惑的人生,面对风云变幻的中国证券市场,自己常常是"抚佩衽以案志兮,超惘惘而遂行";但仍执着梦想、不忘初心、敬畏市场、砥砺前行。

2018年以来,A股市场在中美贸易摩擦的全新历史背景下震荡下行,悲观气氛到处弥漫;面对困境,从事一线资产管理的我们,该如何看待当下的市场,如何履行我们对委托人勤勉尽职的义务,或者说,我们如何才能真正地做好投资?

首先,我们要乐观。客观而言,每逢市场低迷之际,我们都没有洞察未来的眼光,无法预知到底会跌到哪里。当我们回顾历史,每次市场走向冰点之际,如上证综指2005年的998点、2008年的1 664点,抑或2013年的1 849点,我们在那一刻也同样看不清市场在未来将如何演绎。

然而,"股市是宏观经济的晴雨表",证券市场终究会体现出经济的增长、社会的进步,A股市场也在每一个低谷之后迎来新的辉煌,我看不到这一次会例外的理由。

我们来看今天的中国,国人勤劳、为家庭付出的天然责任感、对工作专注而不沉迷享受的民族特性仍然鲜明;持续数10年高等教育推广之后,人口红利虽然衰减但人才红利才刚刚开始体现;改革开放以来巨大的资本积累和全球第二完整的工业体系;近14亿人口构成的巨大消费市场;加上政府进一步提升国内改革和对外开放的力度……这些因素都会推动我们的国家克服眼前的种种困难,迈上新的台阶。我们认为,贸易摩擦对中国是严峻考验,但不是我们悲观的理由,相反更应该是我们新一轮奋发图强的开始。

其次,提升自身修为。国内外政策的外生冲击、宏观经济的周期波动,以及由此产生的对证券市场的影响,从来都不是我们能精确预测和完美控制的。我们需要把更多的精力集中在自身修为的提升上:一方面,我们要聚焦产业发展趋势以及相关上市公司的研究;另一方面,我们要理解证券市场周期波动的必然性和不可预测性，在投资中对自身的情绪进行有效控制和引导，尽量做到巴菲特先生所说的"在别人贪婪时恐惧，在别人恐惧时贪婪"。从国内外股市历史来看，恐慌和波动从来都是长期投资者的朋友。长期投资的超额收益，除了这些优秀企业的杰出经营表现，还有一部分源于优秀企业被低估时坚定买入而获得的估值修复。

最后，拥抱社会进步，与优秀的企业为伍。阿里巴巴和腾讯用了20年左右的时间，把自身提升为世界市值前十的上市公司，是因为它们满足了移动互联网时代人们最需要的购物和社交需求，提升了社会效率推动了社会进步。同样，格力电器制造了高性价比的空调，市值在20年间也提升了数百倍，这样的例子在A股市场比比皆是。今天的中国，已经拥有了一大批有梦想、有情怀的企业家，我们投资人也应该与这些优秀的企业家为伍，拥抱那些为民谋福利、推动社会进步的企业，分享这些优秀企业的成长。

"借得大江千斛水，研为翰墨颂师恩。"我们将继续不断寻找好行业、好公司和好价格，与优秀的企业共同成长，为委托人创造价值。

兴业基金／刘方旭

寻找产业趋势下的龙头公司

从海外资产管理行业，转换到国内新兴的基金产业，从国际化的资产管理企业，到参与创新机制的新兴基金管理公司，近20年的资产管理行业从业经验，让我更为深刻地理解到从事资管行业首先应该是遵守契约精神，这是核心原则，是专业化的体现。

资管行业的本质是信任托付，要诚实，不能误导投资者，也只有诚实的人才能做好投资，虚假者充满偏见，这是职业投资人的大忌。资产管理行业的门槛很高，每一分钱都是投资者的信任，同时每一分收益也都是未来发展的种子。不注重契约，被短期利益所左右，一定会导致投资过程和行为的扭曲，不会带来好的投资结果。

投资的过程是探究变化背后的深层次原因和逻辑，通过努力的研究分析想清楚收益的来源和潜在获取的途径之后，需要恪守投资纪律，以使得在获取收益的过程中，能够降低人为因素的不确定性，审慎地进行买卖决策，从而不偏离初衷。

具体而言，投资者要明白自己能赚到的收益源于哪里，无外乎产业利润、市场博弈以及宏观政策的变化。当前的目标是寻找产业趋势下的受益者，寻找有机会成为国际性大公司的中国企业（具有全球竞争力的中国企业）和有机会成为国内产业龙头的企业。我们通过分阶段地分析经济发展趋势、把握经济的结构性变化，挑选受益于经济变化的产业以及产业中具有发展潜力的企业。一方面透过调研从而对企业未来的盈余进行预估，另一方面思考这家企业长期发展及获利稳定性的高低，综合两点给予合理的价值判断。在合理价值下，当市场价格偏离太多，便会形成买卖点及买卖纪律。除此之外，发现自己的研究能力支撑不住对投资标的的掌控度的时候，则是另外一种卖点。

投资的道路永无止境，不断变化的市场永远会带来新的挑战，遵守契约、恪守纪律方能践行专业化、长期化的投资策略，使投资理念得到真正的贯彻。未来国内资产管理行业必将进一步融入国际资本市场，我期望通过自己的努力，与投资者一同见证中国基金行业驰骋于广阔的全球市场。

合煦智远基金／陈嘉平

方法篇
——主动管理

投资方法和投资现实的结合

从2008年开始入行，从交易员一步一步做起，回顾这10年，我越发清楚地认识到，投资其实是一种等价交换，我们用勤奋、思考和教训换来一份稳健的投资回报。这当中没有任何一条捷径可走，更多的是弯路，是一种"溢价交换"。幸运的是，现在我们站在了诸多前辈和同行的研究、实战成果上，让我们可以少走很多弯路。

回首过去20年的市场变化，经济波澜壮阔、技术日新月异、周期跌宕起伏、投资方法也层出不穷，最终大家发现能够穿越周期、笑傲江湖的"常胜将军"寥寥无几。细想其中的原因，一是方法、二是执行。

首先是方法，我们采用什么样的投资方法，什么样的投资策略，往往从一开始就注定了投资结果。"以史为镜，可以知兴替，以人为镜，可以明得失"，我们已经看到了国外投资历史的长河和国内投资的珍贵实践，需要我们做的是撷取精华，加以吸收，赋予自己的理解。2017年"价值投资"以惊人的投资业绩来致敬市场，2018年又"似乎失效"，真的如此吗？我们不能机械地理解投资方法，要把"投资方法"和"投资现实"结合起来。

"投资方法"让我们坚守投资理念的本质，这些是经过历史论证的；"投资现实"则提醒我们重视一些关键的边际变量，这里面既有价值判断的估值变量，也有账户性质、资金属性等环境变量。我们需要认识到"投资方法"的边界，就如同基金经理必须认识到个人的"能力边界"。同时，对于投资方法，聚焦远甚过发散。我们曾经开发过大量的量化模型，最终体会是深入挖掘和修正一个模型，远好于开发四五个不完善的模型。知己知彼，知方法而后投资，是我们的必经之路。

其次是执行。知行合一、知易行难，恰恰说明了投资的痛点。很多投资方法，本身检验就需要特定的时间，轻易地切换方法，往往是多做多错。换一个角度看，也就是"计划你的交易，交易你的计划"。执行力不够的根源其实在于对方法的论证不够，所以我们一直提倡"价值驱动+数据论证"的投资理念。一方面，投资标的必须有价值驱动，这个价值形式是多样的，可以是持续增长的业绩、核心技术优势这些成长性价值，也可以是严重低估造成的潜在价值，但必须是可理解、可传播的显性价值；另一方面，应用于投资标的的投资方法，必须是经过历史数据论证，至少是部分客观量化论证的，这里我们首先要保证论证方法本身的科学性和有效性，这一点尤为重要。唯有如此，我们才有理由相信"价值驱动+数据论证"将带来可预期的收益。如果投资当中出现了价值变化或者参数变化，我们则可以做到心中有数、应对有方，所以我们认为"投资不是预测，而是分类应对"。

作为投资管理人，我们一直希望获得预期的回报，同时拥有云淡风轻的心态。为此，我们愿意用自己超越同行的努力、思考和总结，去和"市场先生"交换一种适合自己的方法，并为投资者创造价值。

新沃基金／丁　平

投资反思录：每一个组合都应有价值观

谈到投资方法的时候千人千面，理念的差异背后是每位投资人价值观和工具包的不同。技术分析、高频量化、重组并购、情绪博弈、玄学

方法篇
——主动管理

等策略在A股市场似乎都有其一席之地。回顾每年的业绩排名，常感"大佬年年有，套路各不同"。通过分析长期成功的投资组合，我们发现了一些"普世"的特征，并且认为基于基本面分析的投资策略是一种可能长期为持有人创造回报的投资方法。

首先，基于基本面的投资策略似乎是公募基金"不得已"的道路选择。基金产品的投资决策需要符合监管，流程可解释，结果可复制。并且公募最大的优势来自负债的久期很长，大部分基金产品的持有人是老百姓，这笔资金的规模相对稳定。产品设计既无杠杆也没有止损线，可以忍受短期的波动，适合基金经理去实践长期投资和组合投资。另外，从基金公司自身的资源禀赋来看，投研人员多为学院派的科班出身，团队的能力圈也仅限于此。基本面分析是大家不约而同的投资语言，对于形成良好的投资文化，培养投研人才梯队都至关重要。因此从某种意义上说，基金公司是"被迫"选择了基本面分析的投资策略。据海通证券统计数据显示，从最近10年的实证结果来看，公募基金的平均回报也远超市场：主动偏股公募基金的平均回报为105%，而同期沪深300为50%。

其次，基本面分析如何为组合创造价值？如果1年是短期的时间维度，我们曾经复盘过A股2013—2017年各年度涨幅排名前20名的牛股特征。只有不到25%的个股是可以用业绩高增长来解释的，剩下60%来自并购重组，另外还有15%的股票找不到基本面原因。在2015年和2016年，你甚至很难通过基本面解释任何一只涨幅前20的股票。因此以1年期维度来看，想要抓住大牛股，运气比努力更重要。但是如果拉更长的时间来看，1996年12月~2018年9月，上证指数年化涨幅为7.2%，其中EPS贡献了9.4%，估值贡献了-2.3%。这个数据说明了虽然A股短期的波动几乎是随机游走的，但长期却非常有效率，甚至可以完全忽略估值的影响。企业的长期业绩反映到财务报表上是营收的持续增长，背后需要投资人通过扎实细致的研究，对行业和公司基本面有着深刻的洞察力，完全可以通过自下而上基本面的分析为组合创造优秀的长期回报。

最后，怎样从基本面分析过渡到组合投资？我们生活在一个概率的世界，并且承认最优秀的投资人也可能会犯大错误。因此在组合投资的实践过程中坚持：集中持仓、行业均衡、低换手率。通过统计分析我们发现，组合的超额收益率与持股集中度正相关，而与行业集中度负相关。表现好的基金产品大多坚持个股阿尔法策略而非行业贝塔策略。在这个问题上很多人混淆了个股集中度和组合风险的关系，实际上组合最致命的风险来自对个股的基本面判断失误。每个人的精力有限，集中持仓策略会迫使投资人更聚焦标的的风险。少量的公司贡献绝大部分盈亏，这本身也符合"幂律"分布。另外，从过往统计中也发现，主动管理产品的规模和换手率都是超额收益率的敌人。特别是大基金同时又有高换手率，几乎是业绩的杀手组合。投资的世界并不是完美的正态分布，股票波动率越来越呈现肥尾分布，当前的资本市场更是黑天鹅频出。不到1%的交易日贡献了指数96%的涨跌幅，过度频繁地换手会导致择时交易的小概率困境，申万活跃指数就是一个血淋淋的例子。

在投资的世界里，成功的经验大抵相似，失败的原因各有不同。没有一种方法可以包打天下，基本面分析不是要当刻舟求剑的价值投资"拥趸"。投资人预判的是社会的变化，并且努力找到那些可以在未来持续创造巨大营收和现金流的企业。A股市场往往形势比人强，面对突如其来的问题，我们也在不停地反思和迭代现有投资策略，希望它能与时俱进。每一个组合都应该有价值观，我们的投资策略坚信股票的长期回报源于企业的价值创造，而非零和博弈。

融通基金／张延闽

方法篇
——主动管理

新时代下的投资方法三部曲

20年前的3月,肩负着普惠金融的使命,中国公募基金正式起航。在上万从业者的努力和投资者的认可下,公募基金从零起步,到如今113家公募基金公司、12万亿元的资产管理规模,公募基金已然是资产管理行业规范运营的标杆。很荣幸,我能与这群优秀的人为伍,未来,我们还要一起走下去,共同面对资本市场的每一个春夏秋冬。

2017年以来整个资本市场在不断地成熟,更加注重内生基本面。进入2018年,市场环境有一定的变化,我们也在积极应对,努力让组合维持稳健收益的风格,控制好回撤风险。在这里,我想分享两个部分的内容,我们将面对什么样的新时代,以及我对投资的一些理解。

我们将面对什么样的新时代

资本市场的大环境正在发生影响深远的变化,A股市场加速与国际市场接轨。一方面,全球货币宽松周期的结束,使得过去3年银行委外推动的债券资产资本利得的红利结束,大型资金(银行理财和养老金等)对稳定增长高分红的权益资产的配置需求逐步提升。

另一方面,市场逆向配置力量的崛起使得权益市场出现单边风格上涨的概率和波动幅度逐步下降。这个变化的背景是因为近年来量化基金、行业基金和稳健风格的私募基金规模逐步上升,对市场形成了有效的边际对冲的力量。在这样的环境背景下,未来3年A股内部结构会呈现两个特点:第一,经济增长逐步放缓,更加注重质量,市场会给内生确定性高的公司更高的估值溢价,因此各个行业内的细分龙头公司的优势会更明显；第二，未来两年A股市场相对收益的投资难度会加大，需要努力发掘业绩持续超预期的板块，因为过去18个月价值股逐步完成了价值重估，而部分中小市值公司会因为前几年的并购重组带来的商誉减值而步入业绩陷阱，关键是如何找到真正业绩持续向上的板块和公司。

我对投资的一些理解

投资的核心就是通过有效的资产配置，不断地最小化风险，得到最大化的风险调整后收益。在这个目标下，我们最终实现在不确定中寻找确定的过程。我们需要首先建立有效和动态的分析框架，谨守自己的能力圈去赚取确定性的收益，学会放弃不适合自己的投资方法，学会放弃不适合自己要素禀赋的投资方向，控制风险是第一位的。因为二级市场的公理中，第一条就是均值回归，所以，我们的投资方法必须是一个不断进化的生态系统，需要不断完善组合构建方法和选股能力，去适应不同市场风格环境与系统性风险的反复冲击。

公募基金的使命是践行信托责任，每份基金份额背后是持有人家庭沉甸甸的信任，是持有人家庭对美好生活和财富稳健增值的向往。我恪守的投资风格是稳健收益型，核心投资理念是通过基本面研究，超配景气度持续上行板块，获取行业超额收益，重点投资稳定内生增长高ROE行业细分龙头股和PEG合理的白马成长股，中长期的持有获取内生业绩增长。

具体到投资方法，我会分为三个步骤。第一步，大类风格排序：通过利率研究做好大类资产和风格配置排序，如成长、价值、周期、GARP[①]。第

[①] GARP是一个混合的股票投资策略，目标是寻找某种程度上被市场低估的股票，同时又有较强的持续稳定增长的潜力，通俗来说就是以较低价格买入成长性较高的股票。——编者注

二步，在每个风格内部基于景气度趋势和周期变化配置行业，行业偏离幅度有一定限制，通过行业历史估值波动区间控制盈利兑现。第三步，超配行业中的个股选择重视满足三个"稳定"：一是"盈利能力稳定"，行业格局稳定，内生持续增长，较高 ROE 或者 ROIC（资本回报率），产品和服务结构升级带来利润率提升尤佳；二是"管理团队稳定"，具有远见的核心领导层，激励到位；三是"估值体系稳定"，行业估值框架未来 3 年没有系统性下修的风险。

我们希望顺应这个新时代，在各行各业寻找到具备国际竞争力、不断扩展国内外市场份额的核心品牌公司，尤其是那些目前在 100 亿～300 亿元市值的国内细分行业龙头公司，把握它们未来能够成长为千亿元市值的全球细分龙头的成长性机会。

从研究员到基金经理，我加入这个行业已经 8 年了，目前管理 7 只公募基金。这 8 年来，我最大的体会是，历经多次牛熊转换和市场监管的完善，我们的资本市场正在逐步与国际市场接轨，我们的投资者也在走向成熟。相信有了前 20 年的积淀，公募基金的未来会更加璀璨耀眼。

最后，还要感谢所有的投资者，正是你们沉甸甸的信任，让我们有机会去坚持投资的本质，让我们能去帮助你们实现财富稳健增值的愿望。我们希望自己的投资组合是时间的朋友，能够伴随每一位投资者共同成长，为大家的美好生活添砖加瓦，共创美好明天。

泰达宏利基金 / 庄腾飞

克服线性思维，关注周期性规律

投资是一件非常复杂的事情，任何认为投资非常简单的行为都是愚蠢的。影响投资结果的因素很多，既有国内因素，又有国外因素，既有经济基本面因素，又有市场流动性因素、投资者心理因素，各类因素同时交叉影响市场走向，市场内部又有各种结构性的分化，造成持续把握投资机会的难度非常大。

投资又是有客观规律可循的。事物的发展通常不是线性的，而是受趋势性因素与周期性因素共同影响，趋势性因素决定长期方向，周期性因素决定中短期波动。

具体到投资，我们更应克服线性思维，关注周期性规律。经济基本面有周期变换规律，投资者情绪有周期变换规律，投资者情绪又受经济基本面周期变换的影响。通过对周期性规律的客观分析，我们可以把握市场运行的一般规律，克服市场情绪对投资判断的不利影响。在市场极度狂热时，保持冷静，在市场极度悲观时，保持信心。

2018年以来，市场在外部贸易摩擦带来的不确定与内部经济去杠杆、信用风险频发等情况下出现大幅调整，投资者情绪极度悲观。我认为，当前市场调整已较充分反映未来的悲观预期，市场出现大幅调整之后，整体估值水平接近历史最低，当前投资的收益风险比较高。从周期的角度看，当前经济基本面已经出现下行，未来在货币与财政政策的边际放松环境下，有望逐步企稳，投资者风险偏好已经达到底部，未来伴随基本面企稳将逐步修复。"祸兮福所倚"，在当前的市场危机之下，正在孕育着机会。

我们建立了一套"基于周期的动态投资系统"，系统性跟踪宏观经济运行周期、各行业运行周期，通过对宏观经济、行业运行数据长周期与当前所处阶段的客观分析，把握宏观经济及行业未来的发展方向，进行行业景气度分析与比较，在此基础上，做出适合当下投资环境的总体投资策略及行业配置策略，并根据环境变化进行动态调整。

方法篇
——主动管理

展望下一个 10 年，我们有理由相信，在各市场主体更加理性成熟的大背景下，中国基金业将迎来下一个新的发展周期。我们也将始终坚持客观独立的投资分析，恪守受人之托、忠人之事的职业态度，在为投资者创造价值这条路上不断行稳致远。

九泰基金／刘开运

破译寻找确定性机会的投资密码

基金经理要在市场动态的变化中判断和捕捉投资机会。在储备知识和经验的同时保持不断学习的心态，跟踪前沿信息和了解变化发生的原因及带来的影响，使得基金资产得以把握住趋势性和结构性机会，为基金持有人创造收益。

市场无时无刻不是处在变化之中，作为基金经理，需要在这动态的变化中去判断和捕捉投资机会。投资对我来说，是一份富有挑战而又充满乐趣的工作，它需要我们不断思考和学习，并做出决策，正所谓"敏于思，健于行，知行合一"。对于投资管理，我们坚持"自上而下"与"自下而上"相结合的投资策略，在纷繁复杂的市场中寻找确定性更强的投资机会，我对于所管理的基金最基本的目标是让投资者在不亏钱的基础上赚钱，追求绝对收益。

投资是一门专业的学科。从宏观形势到微观企业的变化、从组合配置时点的把握到仓位和久期的调整，都需要知识和经验的储备，同时还需要保持不断学习的心态，跟踪前沿信息和了解变化发生的原因及带来的影响。从业 17 年有余，我认为自上而下做好资产配置的理念和投资策略非常重要，而做好资产配置的前提是对经济和政策的了解和跟踪。在重点关注国内外宏观经济及货币政策等相关政策和数据变化的基础上，对经济和市场做出趋势性判断，进而筛选投资品种和投资品种的期限。

除了追踪定期公布前述的宏观经济数据与关注央行的货币政策外，股票、商品、黄金等大资产类别的相关数据也是需要重点关注的对象。同时随着我国经济的发展，中国经济体成为全球经济的重要组成部分，海外重要经济体的利率变化以及海内外资产的联动性程度也是需要密切关注的。在关注和获取相关数据后，运用数据指标进行专业判断是需要辅以一些常识，这样才能更好地做出趋势性判断。比如，在目前信用紧缩的市场环境下，业内较关心央行公布的货币市场数据。对这套指标"深加工"后，我会结合自己对市场形势的理解，确定投资组合久期，灵活调整资产配置比例。

当然，在自上而下做出判断和筛选后，还需要自下而上细择标的。我管理的产品主要有二级债基和偏债型混合基金，这类产品在配置信用债和股票时，也需要对相关标的进行精挑细选。这需要基金经理对标的进行了解和研究，同时也有赖于研究团队的支持。比如信用债，我们固收团队的研究员对不同行业研究的覆盖及相关企业的跟踪，做得都是非常到位的。

对于前述的"自上而下做好大类资产配置"，我认为这个研究方法尽管不能保证每一个时点都能挣到钱，但基本能确保大方向的正确。而"自下而上精选标的"则最大可能地避免了各种"踩雷"风险。二者相结合，能够使基金资产得以把握住趋势性和结构性机会，为基金持有人创造收益。

投资策略之外，我认为基金经理的投资理念也甚是重要。"受人之托，忠人之事"，这是资产管理行业的安身立命之本，于我，则是力争让基金持有人不亏钱。投资中，收益跟风险的平衡很重要，我更倾向于寻求确定性更强的投资机会。作为二级债基和偏债型混合基金的管理者，我在具体的操作中以控制回撤、降低波动为先，力争在熊市中不亏钱，在牛市中赢利，获取整体长期收益。

在投资理念的背后，则需要保持独立的思考。市场变幻莫测，唯有具备独立的判断能力，方能立足于变幻的大潮中。市场越疯狂越需要保持理性，市场越恐慌越需要保持定力。犹记得2015年巨幅震荡的股市。2015年4、5月份新兴成长股一骑绝尘，股市狂热到达高峰，见到市场估值太高，我对自己所管理的部分基金进行较大幅减仓操作，一定程度上避免了后期暴跌带来的冲击。

投资是一门专业，亦是一门修行。《礼记·中庸》有言："博学之，审问之，慎思之，明辨之，笃行之。"投资就是这么一个不断自我修炼和循环往复的过程。我们不断地学、问、思、辨后，再通过投资行之，之后，市场会给予我们明确的反馈和回报，是可以看见的成长和经验，而能够给基金持有人带来财富的增长，也是一件快乐的事情。

国投瑞银基金 / 李怡文

用"性价比"概念构建投资组合

投资是门专业的、耗神的学科。从宏观经济形势到微观企业动态、从市场风格变换到资金流动动向、从大类资产配置到行业个股选择等，每一项都需要复杂的知识储备和经验积累，同时还需要投入大量的时间和精力，这些都不是普通散户一朝一夕就可以拥有的。中国基金业协会数据显示，过去20年中国权益类基金的年化收益率超过了16%，只要不是在市场极端疯狂、风险偏好极高的情况下，普通散户一般是跑不赢机构投资者的。只有极个别时段，比如像2007年和2015年上半年，因为当时市场极度狂热，散户可能短暂地跑赢机构。

如果将周期拉长到两年以上，普通散户跑赢机构投资者的可能性更低。尤其是在正本清源的市场环境中，2017年公募基金普通股票型基金的平均收益率为17%，而普通散户投资股票的中位数收益为负。所以，对于普通投资者而言，我一般的建议都是：要投资理财，找公募基金。

中国的资本市场与美国相较，还比较年轻，公募基金正处20年芳华。因此，在市场上投机的人并不少，很多时候看起来就像一个巨大的赌场，其中的参与者看起来就像一个个赌徒。甚至一些机构从眼球效应角度出发，为了使净值更加出彩，各种高风险的投资组合、投资理念屡见不鲜。

但是，当我们从一个较长的时期来看，股市终究是要反映经济基本面的，股票也终究是要反映上市公司基本面的。投资不仅仅是购买股票代码，更是购买了一家公司的所有权。从投资者的实际利益出发、从持有人的实际利益出发、从基民的实际利益出发，应该是我们做投资的初心。本着这个初心，我认为，在市场中保持清醒的头脑，适当地控制投资组合的风险和净值的剧烈波动是必要的。

就我自身而言，我对所管理的基金产品有三大目标：第一是希望取得正收益，第二是希望净值波动偏小，第三是在同类排名中处于中上。我不刻意追求管理的基金今年排在第一，来年排名却靠后，这样的大起大落，对基民的伤害也会较大。相对而言，我在投资中更追求确定性机会，希望做到两点：赚钱、长期可持续。

方法篇
——主动管理

投资是一门艺术，需要时间和经验的积淀，投资风格也需要不断地总结和完善。成功的投资方法是多样的，有靠技术指标取胜的，也有靠基本面成功的；有靠大势研判的，也有靠个股挖掘的。每一位成功的投资者都有一套自己能驾驭的投资方法并一以贯之。就我而言，我在投资风格上坚持性价比导向，也可以说是收益风险比导向。"性"是指公司的业绩成长性（可持续性），即投资该股票可能获得的收益；而"价"则是指股票的价格或估值（横向/纵向对比），即投资该股票可能面临的风险。性价比主要是看公司未来成长性在当前价格中体现了多少，如果充分或者说过度体现了，就不应该再继续持有。举个例子，有的企业发展很快，所处行业的前景也较好，但假如市场期望太高，提前把价值透支了，那其性价比也就低了。在投资中，如何评价这个性价比既需要能力圈，也存在着一定的经验，这也是我做投资的一个乐趣所在。

国联安基金 / 邹新进

如何进入"看山还是山"的成熟阶段

2008年3月，非金融科班出身的我怀着对于上证一万点的憧憬以及对基金经理这份职业的崇敬，有幸得到一位公募前辈大佬的赏识，进入一家私募基金公司做行业研究员，开始了自己的"二级狗"生涯。随后半年的经历让我初步领略了金融市场的残酷无情，在金融危机的巨浪之下，刚刚积累的一些浅薄的投资经验弱不禁风，剩下的只有瞠目结舌。资本市场10年的跌宕起伏也在我面前徐徐展开：2009年的"4万亿"小牛市，2010年的4季度周期股脉冲以及2011年的"春季躁动"，2011—2012

年的漫长熊市，2012年年底的银行股抢筹，2013年的创业板牛市以及6月"钱荒"，2014年11月始于券商股的疯狂"杠杆牛"，以及不堪回首的股灾1.0、2.0、3.0和2016—2017年的"一九"慢牛。

入行10年，基本经历了两轮大的牛熊周期。"历史总是惊人地相似，但是绝不会简单地重复"，在过去的每个阶段都面临着新情况、新故事，都经历着对市场认知的蜕变。曾经有一位领导类比参禅，概括了投资的3个阶段：看山是山，看山不是山，看山还是山。相信大多数专业做投资的人都会经历初入门自以为是的"看山是山"阶段，被市场教训得怀疑一切的"看山不是山"阶段，以及最后的能够区分确定性与不确定性的"看山还是山"的成熟阶段。

其实最后能够进入"看山还是山"阶段，并且在不同的市场阶段中都能为投资者取得好的投资业绩，最关键的还是敬畏市场的心态和投资习惯。经历市场的时间越长，对市场的认知会越全面和深刻，同时也会越来越敬畏市场。敬畏市场，努力做一名在市场不同阶段都能够取得好业绩的全天候基金经理，我们需要在理解市场和尊重市场的基础上去发掘投资机会。

阅读市场和理解市场应该是投资研究的起点。股票市场几乎囊括了一切经济活动，从宏观到行业到企业，从国内经济政策到对外贸易到国际政治格局。不论是在短期还是中长期，股票市场的涨跌、结构、特征等都是社会经济活动的映射和投资者预期的反映。我们需要阅读总结市场的所有运行特征，再找出与之对应的宏观和微观变量。从这些决定市场特征的变量出发，我们进一步进行宏观经济、产业发展、公司价值以及投资者行为的研究、预测，最后参与市场投资。

金信基金／唐　雷

方法篇
——主动管理

基金管理的终极追求：做正确的事情

在军队，"不想当将军的士兵不是好士兵"；在基金行业，跑赢市场、获取最高收益似乎是所有基金经理的终极梦想。然而勇争第一的气概固然可嘉，但是放在基金行业"受托管理"的语境下，窃以为与职业伦理并不完全相符。

基金管理的重要原则之一是"持有人利益优先"，狭义的解释就是当发生持有人和管理人之间的利益冲突时，应当采取对持有人有利的措施或操作。这部分内容属于我们常说的合规管理的范畴。如果所有的持有人都有且只有唯一的投资诉求——"追求最高回报"，那么基金管理人将获取最高收益作为行为准则的一部分可能是合适的。然而，投资者片面追求高收益的假设前提是不成立的。得益于多年的投资者培养和教育，既要获取高收益又要控制风险的理念已经深入人心。在这种情况下，基金管理人如果继续忽视持有人控制风险的诉求，把追求高收益作为奋斗的目标和标榜的口号，在伦理上显然是站不住脚的。

因此，优秀的基金管理人必须从广义的角度去理解持有人的利益，认真刻画包括收益、风险在内的投资目标并识别和引导其合理的部分给予实现。例如，随着投资者的日渐成熟，以是否主动进行资产配置来划分投资者可能会更加有利于资产管理工作的展开。对于主动进行资产配置的投资者，最需要的是具有清晰的收益风险特征的工具性产品，跟踪误差是衡量这类产品的重要指标。而对于没有能力或意愿进行资产配置的客户，产品间的切换是其常见的投资模式，如果基金管理人能够自如地实现客户的切换意图，也是对持有人利益的一种实质体现。

在金融危机空前爆发的 2008 年，那时我还是一个基金业的新兵，只记得在一次投委会上多空双方对下一步的趋势针锋相对，分歧巨大。当时的领导只说了一句"做正确的事"，为整个争论一锤定音。是的，就是这句话——做正确的事！投资就像是一个需要客观理性对待的技术活儿，在分析研究的过程中，一点点的私心杂念都会对最终的结论产生影响。而摒弃私心杂念最有效的方法就是忘记自我，选择对客户最为有利的策略，这就是我们作为基金管理人所能做出的最正确的决定。10 年的磨炼，这句话始终是我作为基金经理最基础的行为准则。

虽然是简简单单一句话，但是要想落到实践当中，几个关键的因素必不可少：第一，倾听投资者的心声，全面仔细地了解他们的盈利期望、风险承受能力以及可能的限制性条件；第二，围绕投资目标有针对性地制定有效可行的投资策略；第三，严格投资纪律，策略、风控、合规每个环节都执行到位，提高实现投资意图的准确性。整个过程又以我们独创的立体化资产配置框架为核心展开。

一是六阶段投资时钟模型，研究经济周期并将其划分为衰退后期、复苏期、扩张期、过热期、滞涨期和衰退期 6 个阶段，以此进行中长期资产配置及行业配置。

二是三周期量化模型，通过量化手段对主要经济指标及资产价格进行短、中、长 3 周期拟合进而预判其拐点，既可预判经济指标拐点并结合六阶段投资时钟模型进行中长期资产配置，亦可直接用于预判资产价格的中长期拐点。

三是趋势择时系统，可以用于对各类资产价格（国内外的股指、个股、利率、汇率、商品等）在不同周期（日/周/月）维度上进行择时。既可以配合投资时钟模型在中长期资产配置问题上进行相对精确的择时，同时在中短线择时问题上也给出了概率性的明确建议。

随着理念的日臻完善，团队的壮大成长，我们不忘初心，会始终坚持做对客户正确的事！

国开泰富基金／马文祥

量化魔方

四大方法打开量化投资黑箱

大学毕业后步入量化投资领域,从此与量化投资结下不解之缘,日月如流,不觉间已在量化投资这个略显"神秘"的领域沉浸十余年。从金融工程研究员到量化投资基金经理,对我而言,这是一个逐步积累、不断磨砺的过程。从书本上的理论模型到现实市场的投资应用,有很多问题要去思考、去实践。金融工程的技术发展飞快,需要不断地学习新知识,吸取同行优秀的研究成果,以此来提高量化研究水平。

量化投资有时像个黑箱,局外人看不清看不懂。这是量化投资应该解决的问题,尽量用通俗的语言让投资者明白量化背后的投资逻辑。而

方法篇
——量化魔方

这些投资逻辑，包含了量化投资者对投资的看法。

在我看来，量化投资可以总结为四个要点。

第一，量化投资更注意风险控制。量化投资脱胎于投资组合理论，注重组合收益和承受风险的平衡，追求的目标是风险调整后的收益最大化。借助于多因子分析工具，我们可以清楚地度量组合在风险因子上的暴露度，评估可能带来的风险程度，并能较好地做到事前约束，事中跟踪，以及事后调整组合的风险暴露度。

第二，量化投资强调投资分散化。量化投资注重对证券市场价格波动背后的驱动因子及其有效性的研究，与传统股票投资强调分析公司和个股有较大的差别。量化投资组合一般采取分散化的股票配置方式，股票集中度不高，这样可以更好地反映量化因子的特性，而降低个别股票的特质性对组合表现的影响。

第三，量化投资有明确的投资边界。一种量化策略只能适用于某一种特定风格的股票。比如，投资于价值股和投资于成长股的量化策略应有所不同。所以，在量化策略开发研究时，我们会首先对股票风格做一个明确的量化界定，然后在筛选出的风格样本股内展开分析研究，即我们所说的投资边界。因此，量化投资通常会选择一个与之投资风格相近的股票指数作为业绩比较基准，并在以后的投资中始终与业绩基准进行对照比较，分析投资的得失。

第四，量化投资应遵守严格的投资纪律。许多人说过，投资既是一门科学，也是一门艺术。科学强调投资规律的可复制性，而艺术则强调对事物的洞见。从事量化投资的投资经理可能更多地体现了前者的工匠品质。在量化投资过程中，我们会严格遵守既定的量化选股标准、因子选择配置方案，尽量减少个人主观因素的干预，不会因为市场风格偏向好的变化而偏离原来的量化投资轨道。

中国A股市场的生态在过去两年间发生了深刻的变化，机构话语权不断提升，一直被市场诟病的小市值股票的估值泡沫也在坍塌。尽管指数的波动空间较往年相比收窄了许多，但市场结构性的变化非常显著。代表行业优秀龙头企业的蓝筹指数稳中有升，代表小市值企业的指数反而屡创新低。这表明，A股的投资者越来越重视上市公司的质量和内在价值，单纯的市值管理型公司处境越来越危险。

万得资讯数据显示，截至2018年9月底，与历史数据比较，中国A股的估值水平目前已经低于历史均值。其中，沪深300指数的市盈率降至11.7倍，低于近10年的平均值13.9倍；从绝对估值水平来看，当前市场估值已经接近2016年熔断后的水平。与全球主要资本市场相比，A股的估值水平处于中等水平，盈利和估值的匹配程度较好。单看被MSCI指数纳入的A股，估值国际比较更具有吸引力，因此在A股正式加入MSCI指数后，沪股通和深股通均出现了持续的资金净流入。

2017年全A股的盈利增速达到18.9%，市场预期2018年全A股的盈利增速有所下滑，但也很有可能保持两位数增长，仍然处于近年来较好的水平，显示了实体经济的韧性和可持续性。但由于市场对监管层一系列"去杠杆"政策导致的金融条件收紧担忧加剧，投资者的风险偏好明显降低。从风险溢价来看，A股市场主要指数，如沪深300、中证500、中证800、上证综指、创业板指的风险溢价分别处于历史60、64、67、84、91分位，表明对A股尤其是中小市值股票已经计入了较多的悲观预期。

展望后市，作为A股市场上最大的系统性风险（估值泡沫），在过去两年被挤压得非常显著；长远来看，目前估值水平处于历史较低水平，非常适合投资者挖掘优质企业分享未来的盈利成长。A股刚刚加入MSCI指数，目前海外资金还是低配中国股票，海外机构对中国市场未来的潜在需求会支撑 A 股优质企业的表现。作为机构投资者，我们的产品更倾向于挖掘企业内在价值，避免估值陷阱，寻找优质成长性企业，从而真正分享到资本市场发展的成果。

浦银安盛基金／陈士俊

在量化选股中寻找超额收益因子的路径

在量化选股领域，大家最爱用的是多因子模型。多因子模型是一套通用的定量分析框架，在这一框架下，股票收益可分解为一系列因子收益及权重的组合。多因子模型致力于寻找持续稳健的超额收益因子，并进而根据因子收益的预测，形成股票超额收益的预测结果。模型的逻辑在于因子动量的可持续性，即股票的当期因子和下期收益率之间存在序列相关性，该相关性显著且持续稳定；通过一系列数量化的方法挑选出这些因子，并赋予相应权重，计算股票在这些因子上的综合得分，精选得分高的股票构建投资组合。以海富通量化多因子选股模型为例，综合考虑价值、成长、流动性、动量等 11 个因子，并对其进行动态跟踪，形成股票超额收益的预测结果。基于多因子模型对股票收益预期的结果，结合组合风险水平、交易成本、流动性等因素进行投资组合优化，构建风险调整后的最优组合。

多因子模型听起来复杂，其实和生活息息相关。不论是选股，还是为人处世，某种程度上，当你做决策的时候都是在运用多因子分析。决策者要评估各个因素的利弊，综合考虑后再做出最合适的决定。比如当我们做出在如何发展、何时成家、何处立业的决策时，都会考虑自身、家庭、行业和社会环境的种种因素，综合做出判断。

但正如生活中很难做出最满意的选择一样，投资人同样会困惑：怎样才算是最合适的投资呢？

有的投资人或许觉得最合适就是取得最好的收益，有的投资者觉得最合适的应该是最大化风险调整后收益，有的投资者更多考虑短期的因素，有的投资者更多考虑长期的因素。所谓最合适，其实最后就落脚在了投资者的价值观上。随着岁数的增长，我自己越来越感受到价值观的重要性。如何根据客户的需求，做出最符合客户利益的决策，如何让客户取得长期风险调整后最好的收益，这应该就是基金管理人最朴素的终极价值观。

围棋高手李昌镐有一句名言："我从不追求妙手……每手棋，我只求51%的效率。"他的棋极其稳健，极少出错，常使对手感到无机可乘。李昌镐其实是在强调一种平衡，一种攻守兼备。不受暴利的诱惑，稳扎稳打，找寻足够的安全边际，追求风险调整后的收益最大化或许是最符合稳健投资人的长期利益的。

所谓安全边际，其实也是价值投资的一个概念。当价值被低估的时候才存在安全边际或安全边际为正，当价值与价格相当的时候安全边际为零，而当价值被高估的时候不存在安全边际或安全边际为负。安全边际不保证避免损失，但能保证获利的机会比损失的机会更多。我们无法预知股市，只有坚守价值，才是实践中提升胜率的不二法门。为了提升组合的安全边际，我们倾向于在有研究员覆盖的股票池里量化选股，主动与量化结合，为组合层层把关。

生活中，当然也包括投资的过程，经常伴随着很多逆风，有不少挫折。我个人的体会是秉承正确的价值观，坚持做长期正确的事情，再加一点努力和勤奋，事情应该就会逐渐往好的方向演变。价值因子就是一个长期正确的事情，很多投资前辈都反复强调价值的重要性，价值因子在全世界大多数市场都能取得长期可靠的超额收益。高质量因子是另一个长期正确的因子。强调资产负债表的健康，强调稳健的现金流，强调可持续的 ROE，和优质企业一起成长是长期来看胜算较高的途径。而反面的典型也有很多，最常见的就是追风。量化回测已经用过往 20 多年的数据证明了，没有比追风更可靠的负超额收益因子了。

说到勤奋和努力，我们每天都要做一件事情，那就是把超额收益归因。我们分析阿尔法的来源，看看究竟是来自行业因子、风格因子还是别的什么因子，归因之后，我们就可以根据不同的因素来做出分析和判断。我们不敢好高骛远，只求每天进步一点，相信通过对于投资组合的不断优化，能为投资者获得更好的回报。

海富通基金／杜晓海

人工智能探索：大数据引领精准投资

阿尔法围棋（AlphaGo）首次战胜人类棋手，预示着一个新的时代来临。继机器在工业革命后逐步代替各种人的体力劳动，人的脑力劳动被人工智能（AI）逐步替代变得更加有可能。毫无疑问，人工智能已经成为资本市场中被讨论的最为热烈的话题之一。

图像识别、语音识别、无人驾驶、辅助医疗等，当我们看到人工智能在各个领域应用的案例越来越多、越来越成功的时候，回顾资产管理行业本身，相比前面提到的那些行业，似乎我们离人工智能仍然比较遥远。但有意思的是，金融市场天然就是一个大数据系统，分析师和研究员们每天打交道最多的就是数据，这里有着人工智能最好的学习资源和实验条件。人工智能在各个领域发挥其本领的时候，也理所当然在资产管理领域中有其用武之地。而 AlphaGo 中的"Alpha"（阿尔法）更加激发起大家对人工智能在投资领域中的美好向往。

我们自 2015 年起在大数据和人工智能方面做了很多的思考、探索、实践和积累。如果说传统投资和人工智能投资之间有一个"交锋面"的话，也恰是真真切切处在那个面上才能深刻体会到其中的"道道沟沟坎坎"。

人工智能当下的发展水平及投资领域的具体实际，让我们尚不能完全指望人工智能包办一切。这本身也符合事物发展的一般规律。回想机器代替体力劳动的历史进程，大规模的无人化机器人流水线从来就不是一蹴而就的。起初，冲、刨、铣、车，每台机器都在重复做着人的某个特定动作，并做到极致。人工智能应用的起步也一样，有的精于算、有的精于存、有的精于听、有的精于看，重复执行人的某一项大脑功能，再做到极致。对于投资领域也不例外，我们首先要做的就是将投资问题的方方面面拆解，拆解的越细、越具体，在特定领域人工智能做到极致乃至超越人类大脑的可能性也越大。

其次是投资中的问题定义。围棋中的问题是靠 19×19 的棋盘来定义的，而传统上，即使人在面对资本市场中的问题时，相对通用的问题定义方式其实也并不统一和明确，甚至每个人看市场、聊市场、参与市场的体系、维度、框架都是千人千面。但问题的定义对人工智能却很重要，定义不清楚的问题，让人工智能去解决，结果可能会令我们大失所望。这其实也是上述我们强调问题拆解的另一面。只有问题拆解的足够细微，问题的定义才有可能更加明确。

另一个重要的问题是人工智能到底学什么？阿尔法围棋是从学习人

方法篇
——量化魔方

类历史上的棋谱开始的。类比到投资上,人工智能学习的则应是人类投资历史上的各种棋谱——各类成熟且被验证过的投资逻辑和策略。因此,讲到人工智能投资,并非数据的暴力破解,而依然是逻辑驱动的。如果一个人工智能仅仅是从数据到数据,最可能的结果就是面对稍加修改的问题,人工智能反而会犯简单的错误。人工智能的训练是学习已有的成功经验,在此基础上,针对每一个具体细分问题而训练的人工智能模型,实际上都是一个解决特定问题的小机器人,即使问题的表象千差万别。

逻辑先行,而数据也需紧密跟上。所有模型都是在逻辑的基础上,基于大量甚至海量数据训练的结果。更为重要的是,数据并非数字的简单堆砌,数据是富有逻辑的数字集合,是含有价值的数字集合。有的数据用于前瞻预测,有的数据用于实时验证,而有的数据则用来相互对比。只有将数据本身的定义和定位确定清楚,人工智能训练的针对性和鲁棒性才有可能更强。

过往3年多,我们已基本积累起一个基于基本面和交易型逻辑的大数据体系,并且在这个大数据体系上逐步训练出各类人工智能机器人,专门负责解决某一个或某一类特定问题。在某些特定领域,人工智能成为人类进行投资决策的得力助手。而在人工智能犯错犯傻的时候,人类的经验和小数据逻辑分析能力,也成为人工智能最为宝贵的学习资源,这个过程往往也是人工智能能力提升最快的阶段。

我们不指望目前的人工智能投资机器人是万能的,但期望每个人工智能机器人每天都能进步。

浙商基金／查晓磊

被动投资

ETF 是 FOF 最优选的底层配置工具

指数投资在中国可以说是和公募基金行业同甘苦、共兴衰，亦走过近 20 年征程。当我迈入基金行业时，常听前辈回忆起那些关于指数基金里程碑式的时刻：1999 年，市场相继推出华夏兴和、大成景福等封闭式指数优化基金；2002 年，华安 180 指数基金和天同 180 指数基金相继发行成立，成为首批开放式指数基金；2004 年，我国第一只 ETF（交易型开放式指数基金）产品——华夏上证 50 ETF 推出，使最近 20 年全球最成功的金融创新产品登上了我国市场的舞台；2009 年，指数化投资获得了快速发展，仅当年发行成立的指数型产品就超过了以往 7 年发行数

方法篇
——被动投资

量的总和。我错过了上述精彩，但从业以来亦赶上了国内指数基金类型风格日益丰富、对标涵盖国际主流品种、逐步获得投资者认可的这8年。

然而，和海外市场（如美国40%的公募基金均为指数化投资产品）相比，目前国内指数基金占非货币类公募基金的比重始终在10%上下徘徊。这是由市场发展阶段规律所决定的，无论是指数基金行业从业人员，还是基金投资者，都应有足够的耐心去等待指数投资的价值魅力被发现和更为广阔的未来。

即便在美国市场，从1971年富国银行向机构投资者推出第一只指数基金，到2007年之后指数基金成为共同基金中保持最高资金净流入的品类，也经历了30~40年。

这当中也离不开各种有利条件的配合：20世纪80~90年代的大牛市，优异的收益表现使指数化投资得到广泛认同；大盘主动基金经理长期收益超过标普500指数的比例一路下降至20%，金融市场有效性提高和不确定性加剧提升了市场对指数化投资的需求；金融业追求标准化趋势是指数化投资迅速崛起的重要推动力；在庞大、多层次的养老金体系下，具备透明、低成本、风险分散、易复制等特质的指数基金获得了市场竞争优势。

我国国内金融市场长期处于发展变革之中，当下我们正经历着前所未有的有利于促进指数基金加速发展的政策引导、技术进步和市场环境变化。

变化一：A股市场正处于监管规范化、参与者机构化的进程。被动指数投资本身和市场效率高度相通，当市场有效性不强时，投资者愿意交易基于信息或者资金驱动的产品，而当市场效率越来越高时，投资指数类产品收益风险比从长期看就会比主动选个股有优势，存在机遇。

139

变化二：2018年个人税收递延型商业养老保险试点推出，我们也看到了公募基金等产品纳入个人商业养老账户投资范围的曙光。美国的401k计划推出之后，公募基金规模年化增长率超过20%，指数基金作为公募基金中风格稳定明晰、可预测性高的投资标的更是脱颖而出。

变化三：理财市场打破无风险刚性兑付，银行端净值型产品也成为趋势，资产配置理念开始深入人心，指数基金无疑将成为承载多样资产类别，并能与各类衍生品配合的良好资产配置底层工具。将来可能看到各类基金中的基金（FOF）、目标日期基金（TDF）、目标风险基金（TRF）进入投资者的理财选择池，这类产品的业绩主要由资产配置决定、强调风险管理，需要通过指数基金这样的子基金高效地实现母基金的配置策略，享受低成本的贝塔收益，另外也可以在战术层面进行指数基金阶段性交易，捕捉特殊风险敞口的投资机会。

变化四：投资顾问行业的分化变革，使越来越多的能够触及大众的新兴互联网投资顾问平台开始从投资者角度出发进行组合推介，倾向于推荐费率低、易于成为配置工具的指数基金。基于以上4点，我们有信心对指数投资下一个20年的发展有较高期待。

为了引导投资者更合理地参与指数基金投资，除了普及教育工作之外，公募基金行业还将作为指数投资的领先践行者，设计提供更丰富、更合理的指数基金产品。我个人认为短期能够预见的包括以下几类。

第一，在传统市值加权指数产品布局相对完整之后，引入国际先进的指数量化投资理论和方法，捕捉一些有效投资行为，固化为既定指数组合策略，为投资者提供超额收益更高、风险水平更合理的指数投资解决方案。

第二，商品类指数基金。国内目前在资产配置方面除了股债以外其他品种较少，包括农产品在内的商品指数基金产品需求已经相当明确，如果未来通胀抬升，它们将是一马当先的抗通胀工具，一些进口类品种更是抵御贸易摩擦风险的良好工具。

第三，拓展投资市场边界，通过指数基金对接更多跨境板块以及市场在动态发展中新涌现出的表征板块。

第四，主题型指数产品。这些品类将成为衔接资本市场与深化改革对外开放的桥梁纽带。比如我们正在推进的国企改革方面的ETF，希望通过ETF盘活国有资本，增强国有资金流动性，更好地服务实体经济，同时也为投资者提供能分享到国企改革红利的产品。

只要每年有一批适应市场需求、体现投资价值的指数基金产品落地，有一批持有人通过认知和实践加入指数投资的浪潮，资产管理行业就会受到潜移默化的影响，相信中国的指数投资将迎来黄金发展的下一个20年！

华夏基金／荣　膺

A股市场上的指数发展条件

国内资产管理行业面临着重要的改革窗口，在公募基金20周年之际，资管新规的出台对国内资产管理有了深远和实质的影响。在资产管理逐步打破刚性兑付、产品净值化、拆除多层嵌套以及去杠杆等背景下，从全球的经验来看，公募基金凭借20年来建立的优势，如丰富的管理经验和人才、信息披露制度、单独托管、丰富的产品等，理应成为国内资产管理的主导力量。

国内指数化投资也是伴随着其他公募产品成长起来的，目前国内指数类产品整体规模在5 000亿元左右，其中权益类ETF约为3 000亿元，产品约为130只，覆盖蓝筹、行业、海外、黄金等。对比海外，国内指数与指数化投资发展还有很大的差距，我们认为主要有以下一些原因：国内A股市场波动较大，包括主动投资的权益类产品的基金整体规模还不大，国内投资者投资周期比较短，受到市场情绪影响较大，机构投资者占比较低，市场对ETF的理解和认识有一定的偏差等。

但我们认为，中国资本市场正在发生深刻的变化，国内A股市场已经基本具备ETF大发展的条件。

首先，随着A股的扩容、监管加强、信息传播效率提升、机构投资者增加等，市场的有效性大幅提升。近年来，战胜市场基准的投资者明显降低，持续战胜市场基准的投资者比例更低。随着市场有效性的提升，市场的超额收益已经在快速降低。而ETF以低廉的管理费，加上买入持有策略为主的低换手率，综合费用远低于主动基金。据估算，ETF的年化综合费用要低于主动基金大概3个百分点，在整体市场超额收益下降的趋势中，战胜市场主要基准的难度还会进一步提升。

其次，国内投资者的占比在快速提升。经历过本次股灾和熔断、债灾后，个人投资者逐步转向投资于公募基金、保险理财、银行理财、私募基金等产品，机构投资者的占比在大幅提升。当然，在理财信托等资产管理打破刚兑和净值化后，进入A股市场的机构投资者将会加速，企业年金、社保等也在积极入市，保险资产快速增长。全球的经验表明，机构投资者获得收益的主要来源是资产配置，而ETF是最好的资产配置工具之一，故其具有费率低、透明度高、风格确定、配置效率高等优势。

再次，随着国内养老税收递延，包括FOF以及养老基金的推出，为国内ETF发展带来长期持续的资金流入和活力。国内养老金市场空间巨大，我们认为当前的管理模式在风险匹配、资产配置、专业化程度等方面都有很大的改进空间，而养老FOF的推出，特别是在纳入税收递延后，将大幅提升个人在养老基金上投资的积极性和主动性。从海外经验以及当前养老FOF的投资来看，我们认为ETF也是其配置的最佳标的。

国内宏观环境变化也决定了国内A股市场将成为承载直接融资和创新驱动的主要市场，公募基金中，特别是权益类基金不仅为居民和个人提供资产管理服务，也在服务和支持实体经济，为股票二级市场提供合理定价、流动性、直接融资等服务，是支持国内实体经济的重要途径。其中，ETF将是权益类基金的重要组成部分，也将是承担个人、机构投资者、FOF等配置的工具，是为实体经济提供服务的重要载体。

我们在ETF方面将继续大力推动产品布局，加大权益类ETF的布局，从宽基到行业、从行业到主题、从主题到策略等，不断满足投资者的需求。ETF将是一个非常具有竞争力的行业，是国内公募基金权益类产品突破的一个方向，也是资本市场支持实体经济的一个重要载体。作为指数化投资的最早参与者，我会在ETF市场中不懈前行。

华安基金／许之彦

指数化投资精髓

自1998年第一只封闭式基金成立伊始，公募基金行业已经走过了20个年头。伴随着中国证券业市场从新兴加转轨逐渐走向成熟的探索和发展，公募基金行业也走过了监管逐步完善、管理规模迅速扩大、信息更加透明、服务和支持国民经济发展功能不断增强的历程。

随着市场有效性和投资者专业化程度的不断提高，指数和指数化投资扮演着越来越重要的角色，全行业的共同努力使得ETF、LOF（上市型开放式基金）等具有低成本、分散化和高效率的工具性产品体系不断创新，不断壮大。

虽然A股市场能够跑赢大盘指数的主动权益类基金比例高于发达国家市场，可以通过并购、重组、定增、送转、举牌等公司事件获得的超额收益也长期存在，市场波动率尤其是非对称的下行市场波动率也高于海外市场，但是随着我国证券市场和资产管理行业结构的调整，可以明显地看到机构投资者资金所占比例逐年增加，散户机构化的趋势越来越明显，市场有效性显著提升。在这样的前提之下，指数基金尤其是ETF优势显著。

首先，ETF紧密跟踪指数，本身具有分散化投资特性的前提下编制规则透明，资金的配置方能够清晰透明地了解组合的结构和所具有的风险收益特征；其次，ETF强调纪律性，可以有效避免主动权益基金可能存在的基金经理等主观因素的干扰；再次，更为重要的是ETF综合费率成本远低于其他类型的基金产品。

众所周知，股神巴菲特不止一次地向公众推荐指数基金，巴菲特的10年赌约也印证了定投指数基金就是散户投资者最好的投资方式。

从国内市场的指数基金发展情况看，截至2018年1季度，市场共有600只指数型产品，总规模5 500多亿元，其中ETF产品有139只。总体产品数量和规模比之2010年以来有了大幅度的增加，但平均单只产品募集规模下降快，规模深度和流动性深度并不理想。从指数基金产品结构来讲，覆盖资产类别比较有限，股票权益类产品占比超过90%，且权益类产品跟踪指数标的集中于核心指数，行业、策略、主题等具有一定内部分散度的产品不足，故而受系统性风险影响较大，投资者在构建组合时产品之间的轮动和风格切换受到制约。

我认为指数化投资的精髓在于能够专注地将简单做到极致。认识到作为资产配置工具的指数基金产品的发展情况和问题之后,方正富邦基金秉承这一信念——致力于打造全谱系ETF基金产品,为投资者提供适应不同经济和市场周期、具有不同风险收益特征的全覆盖工具型产品体系,将简单做到极致。

这是我们最好的时代,这是ETF发展最好的时代。公募产品纳入养老金账户投资范围,养老目标基金和多资产配置型产品对底层工具的需求,多项政策红利和产品创新的动力将成为ETF产品下一步发展的主要动力。

方正富邦基金／吴　昊

固收兵法

债券投资的长逻辑和短逻辑

2018年对于做债的投资者来说是比较舒服的。自年内1月19日的高点至今，10年期国债中债估值收益率从3.98%下行至3.65%，10年期国开债收益率从5.13%下行至4.45%。回顾1季度、2季度的市场行情，我们打算讨论推动收益率变化长逻辑和短逻辑之间的关系，进而对投资决策模式做一个总结——是事件驱动，还是价值投资？为便于表达，该部分所讨论的债券投资，均指狭义的利率债投资，或者更狭义的关键期限利率债投资。

我们首先对事件驱动和价值投资做一个简单的定义。

事件驱动。假设 T0 时的价格 P0 是合理的,当 T1 时刻出现一个新的基本面信息,基于这个事件,判断价格运动方向和幅度,选择做多和做空,主要分析思维是"边际思维"和"预期差思维"。在此之前,投资者需了解市场对两种思维的反应规则,确定市场对信息变化会如何反应。事件驱动所依赖的基础,在于市场对于基本面信息会做出有效反应,投资者通过准确、及时地把握预期差而获利。

价值投资。关于价值投资有两种观点:一种是格雷厄姆的观点,以具有安全边际的价格,买入价格低于内在价值的标的,其价格最终会向内在价值回归;另一种是芒格的观点,标的当前价格大致与内在价值一致,但由于内在价值具有成长性,仍值得投资。不同于股票,债券作为固定收益资产,其内在价值比较难在未来出现成长,因此我们主要讨论第一个观点。

对于债券来说,价值投资区别于事件驱动的地方,在于两点。

一是内在价值,即从把握整个经济和金融周期的基础上,给出一个合理的价格中枢。相对于事件驱动,前者投资期限大概以多个季度或年为单位,且内在价值的确定与目前价格无关。目前定义最短的经济周期是 3~4 年基钦库存周期,债券主要通过对复苏、过热、衰退、萧条不同阶段的预期进行配置,时间尺度大约为 1 年。各大卖方策略报告都是按照价值投资的角度分析的。

二是安全边际。价值分析需要比较市价与内在价值之差,只有安全边际足够充分,并且自市价回归内在价值的收益率水平满足投资者的要求时,才会参与投资。

事件驱动和价值投资都属于基本面分析。大约在 2014 年之前,债券投资的分析框架基本上是"经济增长 + 通胀"的双因素模式,这时以名义 GDP 定义的实体融资需求和以 M2(广义货币)定义的融资供给大致匹配。2014年之后，伴随着新一轮的货币宽松周期，债券资管行业迎来了快速扩张，金融机构利用杠杆实现了资管规模和自身资产负债表的迅速膨胀。此时的融资供给除了满足实体增长需要，还衍生出大量的无效融资需求，绝大部分投资在债券二级市场，即空转套利。因此，在传统的两要素模型中，又增加了定义"实体＋金融杠杆"的"广义融资供给"要素。至此，基本面分析演化为对"金融周期＋实体周期"的判断，借用国信证券董老师的观点，就是"货币＋信用"的分析模型。对于政策的分析，除去像2017年2季度证监会的"三三四十"系列专项治理行为此类完全在预期外的事件（黑天鹅分析不属于基本面分析），从政策目的把握，也基本上可以归为上述3要素。

据此，我们可以这么区分债券价值投资和事件驱动。一是内在价值——如果强调形成基本面结论，或者强化/弱化已有的结论，保持同方向的操作，属于价值投资；如果重点放在博弈预期差，对市场大方向走牛、走熊（震荡的情形暂不讨论）进行预测，属于事件驱动。二是安全边际，两者都会考虑——仅参与有一定安全边际，并认为在承受一定损失风险的前提下，价格向内在价值或价值区间回归的回报是合理的，属于价值投资，这叫作"不干则已，干就干票大的"；主要考察对事件信息的反应，如果市场运行匹配或相悖，则快速止盈或止损，为未来的多次博弈做准备，属于事件驱动，这叫作"多次参加，聚沙成塔"。简言之，价值投资是判断长方向，事件驱动是判断已有方向上的加速或转向。事件驱动多见于右侧的现券交易或国债期货交易，而价值投资不怎么区分左右侧。事实上，债券市场参与者多为机构，且波动幅度较小，对预期差或事件的反应非常迅速，是比较典型的对资金面变化、经济数据预期差或者事件预期差做交易。

因为两者都需要分析数据，那么，以高频数据为信号进行的债券投

方法篇
——固收兵法

资,是事件驱动还是价值投资?事件驱动和价值投资并非没有交集。做事件驱动的投资者也可能会对所要交易的债券利率中枢做判断。区别在于,他对基本面的分析仅有个非常模糊的结论,对已有的方向并不关心,因为价格已反映了现有的预期,真正的动力是预期差事件。价值投资者也捕捉高频数据,他观察高频数据用以形成或确认潜藏在这些数据背后的逻辑,通常情况下,之前他可能已形成了大概判断,发现目前安全边际足够,值得去参与。

我们以2018年1月底到4月17日降准之前的这段行情来说明二者的区别。当时几个重要事件或数据依次包括:

1. 2月公布的1月份社融-M2同比差值大幅下跌;

2. 2月上旬,美中股市第一次大跌;

3. 3月中旬~4月中旬,伴随着贸易摩擦事件连续爆发的第二次大跌;

4. 3月~4月中旬,黑色系期货快速下跌;

5. 3月初~4月初,存单价格快速下行。

在事件驱动交易者看来,5个事件分别代表全球避险情绪、进出口对宏观经济的冲击、黑色代表的实体经济较差、资金面的宽松等。每个事件较之前偏熊的预期都是一次预期差信号,依次可以做多,是能够盈利的。

从价值投资者的角度,上述事件就可以串联起一个逻辑:2017年下半年全球主要经济体增速出现见顶下行,背后与加息有关(大概的前提),风险资产价格开始承压(事件2),国内钢铁库存累计带来的钢价下行也预示着内需走弱(事件4),雪上加霜的是,中美贸易摩擦触发,将中断自2017年以来主力经济增长好于预期的持续外需动能(事件3)。同时,代表融资需求——供给缺口的社融-M2同比增速大幅下行,一方面反映内需走弱,另一方面也暗示2017年因金融去杠杆所导致的资

149

金压力有所缓和（事件4），存单价格大幅走低（事件5），也支持了资金面有所改善。3要素中，经济增长要素和广义融资供求关系都向有利债市的方向发展，通胀目前预期不强。目前方向适合做多，在国债3.8的位置（安全边际）还有做多空间，幅度应该也不小（值得参与）。

同样是做多，价值投资者想得更多。一个关键逻辑是贸易预期由好转坏，这是重要的逻辑调整。按照这种思路进场的投资者，也许他足够敏锐，在看到了前面几个数据就得到了逻辑，但更有可能是他在2017年下半年就形成了对趋势的看法，2018年1季度的数据和事件又确认了他的想法。值得一提的是，1月利率债收益率超预期走高，对银行、保险的配置盘已有充分吸引力，无论从绝对收益率还是相对价值来说，它们的需求构成了收益率的上限，如果想到这一点，也就确认了安全边际。

在此指出一点，事件驱动并不肤浅，很多机构将其作为投资原则，有其存在的合理性。

其一，以基本面分析指导投资，本身很难精确。即使是讨论个股，让股票研究员给出一个内在价值也并非易事，更遑论宏观分析，毕竟影响因素太多，要做到确切基本不可能。就算给予半年的反应时滞，目前在市场上想找出连续3年判断准宏观时点的人，几乎寥寥。特别是在一个较短的时间尺度上，很多数据存在着矛盾。比如，单从数据看名义GDP最具总结意义，但月频的经济数据可能出现背离，2017年2、3季度的名义GDP都比较强劲，但5月、8月的经济数据却低于预期。更深层次的原因是，以基本面分析的难度，如果仅换来10年期国开债几十个基点的下行（上行还不行，多数机构还只能靠做多盈利），性价比的确不高。特别是当其他投资者的信用债+杠杆也达到了差不多的收益，则更显悲剧。

方法篇
——固收兵法

其二，投资机制的设置，导致无法充分践行价值投资理念。一方面，价值投资机会不常有，需要等待；另一方面，价格向内在价值回归并不会迅速显现，甚至会在原来的方向上继续偏离，需要空间忍耐。其实，债券有利息，即使一时半会儿市场与预期相反，也可以在持有中利用票息对冲净价下跌。但对于按公允价格变动考核季度、年度业绩表现的机构，就限制了等待的时间和忍耐的空间，特别是对于资管类产品，客户比管理人更没耐性，即使最终对了，可在此之前他们可能已经赎回认亏了。这一条普遍适用于公募等多类资管产品。

较之价值投资的前提过强，事件驱动从赚钱上更显灵活。如果反应快、成本低，且对资本占用有限制的话，的确可以在短时间内迅速获益（虽然可能不多）。即便看错一次，损失也不会特别大，只要策略能逐步优化以提高胜率和赔率，这是核心。缺点在于，不做方向判断，趋势来临时，也无法捕捉大行情。多数交易盘都有这样的敞口，以券商最为典型。

对于债券投资者而言，应该选择做事件驱动，还是价值投资呢？其实，这不是一个二元选择题。从投资利率债、博取资本利得的角度看，真正是按照价值投资思路进场交易的情形其实不多。支撑价值投资的，应该是一个长逻辑，不会仅维持一个较短的时间段或较小的盈利空间。因此，内在价值偏离不大或安全边际不充分，都不太适合做价值投资。价值投资的机会通常是等来的，在此之前需要做好准备，需具备深刻的洞见和过人的胆识，才能把握。

大多数时候，以事件驱动模式来把握，亦可赢利。再举个例子，2018年5月17日到5月30日的行情下，10年期国开债中债估值收益率从4.56%下行至4.39%，10个交易日下行近20个基点。前期，因为油价持续攀升导致通胀预期增加，美债从4月17日的4.83%攀升到

3.12%；螺纹钢主力合约也从 3 月底持续回升，显示 2 季度开工情况较好，4 月份数据表现亦可；贸易摩擦似乎有缓和的迹象。降准以来，市场短期相对偏空。结果，5 月 18 日，美债、美油大幅度快速回调，螺纹钢也开始止升下跌，中美贸易谈判被曝出结果不理想，贸易摩擦进一步加剧，上证综指回调近 5%，一系列预期差信号快速释放推动收益率快速下行。

价值投资有多种形式。最为典型的是信用债投资，由于流动性欠缺，究竟有多少信用债可以持有至到期，这就需要投资者对产品的发行人偿债能力、经营情况等多个指标做综合判断。在得到了对信用风险的综合判断，信用溢价也合适，那可以以某个仓位比例进行参与。对某些拥有更多工具的机构来说，比如参与现货和衍生品套利获得收益高于无风险收益率时，也属于某种价值投资。对于公募等多数资管产品来说，从相对长的尺度来看，获利的主要来源，更多的为票息收入，所以，产品的信用债底仓配置是不能疏忽的。

信达澳银基金／唐弋迅

债券收益率的价值与反价值

20 年前，股票对于多数人来说还很陌生，债券市场上只有国债一个主流品种。随着美国科网泡沫的兴起和膨大，中国资本市场也经历了一场狂欢，越来越多的人开始尝试了解、认识、参与股市。2001 年，随着美股暴跌以及国有股减持方案的提出，A 股见顶回落，人们开始认识到股市下跌的巨大杀伤力。

方法篇
——固收兵法

市场起伏与长期价值

2002—2003年，市场仍处于泡沫破灭后的低迷期，两年间偶尔的上涨，往往伴随着接连数月的阴跌。2004年10月加息重启，市场从五朵金花开始的价值型上涨暂告结束，上证指数于2005年年中，跌破1 000点。在随后的牛市中，一些有经验的投资者总会回想起此前的情景：上涨都是短暂的；获小利就要离场；加息很可怕，对市场是大利空。2007年，大量低风险偏好的资金在市场过热时入场，股市几乎成为街头巷尾的唯一谈资，10元以下的股票基本被"消灭"。很多投资者的内心深处，已经被牛市情怀重新锚定，深信市场的常态是上涨，下跌只是暂时的。然而市场的走势从不依照任何人的预想，2008年的单边下跌显得异常残酷。熊市过后，2009—2010年，周期股牛市再起；2013—2015的成长股牛市在一片估值过高的质疑声中顽强地演进，直到2015年上半年出现失控般的疯狂。从2015年下半年至今，股灾和熔断造成的巨大短期跌幅令投资者猝不及防。

市场的涨跌总是让人心潮起伏，然而这种起伏对投资来讲并无益处，价值往往隐藏在市场变化的背后。我们敬畏市场的脚步，认真研判背后的动因与逻辑，但我们从不试图跟上市场的每一个步伐。忽略市场的一些短期走势更有益处。我们要做的，是用好价值的标尺，屏蔽掉舆论和情绪构筑的幻象，看清市场的真实演进路线。21世纪初，恒瑞医药和贵州茅台相继上市，近20年来，它们专注于主业，市值都已达数千亿元。回顾历史走势，它们很少是某一阶段的超级明星股，但累积涨幅却大得惊人。如果纠结于短期走势而忽略长期价值，则很难享受到这些涨幅。

价值显现时点和"反价值"时点

在债券市场中，中期票据、公司债、短期融资券等债市大类品种的推出都是2005年之后的事情。近10年来，债券市场经历了快速发展。从2008年年末到2009年，货币政策的骤然放松，导致债券收益率快速下行。一些企业的发债成本甚至降到了2%~3%。一时间，企业财务费用大降，很多原本不够经济甚至不可行的项目开始变得有利可图，很多濒临关门的落后项目再度复产。此时收益率如果继续下行，则紧随其后的很可能就是恶性通胀。

2013年5月时的情景与这个阶段很相似，不同的是央行很快收紧了资金面，债券收益率经历了将近半年的炼狱般的上行。最终，10年期国开债的收益率已经达到将近6%的水平，企业发债的利率还要更高。很多企业的正常经营逐渐受到影响，对于电力等高杠杆经营的行业，财务费用已成为不可承受之重。此时，收益率还能再上吗？如果央行适当调松流动性水平，则收益率会大概率回落；如果央行继续维持高资金价格，则经济的萧条会加速，收益率会自然回落。

2016年年初，在资产荒的大背景下，投资者要求的收益率仍然很高，而现实的债券资产能提供的收益率却很低。于是，有投资者开始铤而走险，运用长久期加杠杆的策略来提高收益，导致回购市场的成交量不断创历史新高。此类策略的复制导致债券收益率水平再度接近历史新低，叠加经济短期回暖和通胀温和回升的基本面因素，脆弱的债市再也无法承受，最终导致了12月的债灾。

与股市相比，中国的债券市场更为年轻，牛熊更迭的速度似乎也更快。从2009年市场逐渐完备至今，我们已经经历了几个价值显现的时点和几个典型"反价值"的时点，当收益率再度变得极端，而滞胀或长期萧条等论调盛行时,就应当认真审视一下价值与反价值的时点是否已经到来。

新常态中的价值

投资是一件简单的事,因为我们要做的只是发现价值所在,巴菲特和芒格的脸上仿佛永远带着惬意的笑容,这是有力的佐证;投资也是一件艰辛的事,因为寻找价值的路并非坦途,其实大师们背后的付出远超常人。价值并不局限在 PB、PE、EBITDA(税息折旧及摊销前利润)、ROE、ROIC 等指标中,不同的业务模式、行业阶段对应着不同的估值特征。在美国股市中,20 世纪那些看起来十分便宜的工业股、上市以来 20 年不盈利的亚马逊和近 10 年的"优等生"家得宝,显然难以用同一把标尺来测量。

不知不觉中,新常态正在慢慢到来。新股的高频次发行,预示着注册制正渐行渐近;投资者结构中散户比例的下降和机构比例的提升,预示着市场将更强调基本面的力量;债券市场从几年前的零违约到如今的违约频发,预示着信用研究的价值将逐步显现。站在目前的时点,国内外经济发展阶段与流动性状况也已经与此前大不相同。中国经济的结构性问题变得更加严峻,中等收入陷阱的巨大吸力也并未减轻。但与此同时,社会财富的积累并未停步,社会总价值仍然在不断增加。这是价值投资的最好时代,投机氛围渐渐退场、市场变得愈发有效。与其如旁观者般地对国运品头论足,或是在各色热点里厮杀,不如努力拓宽视野、打破定式、洞察人性且知行相随,潜下心、擦亮眼,摒弃伪价值,发掘真价值。

新华基金／姚 秋

固收投资中需先做好确定的事

我是一名债券市场的老兵。从读书时学习海外前沿的数理金融理论用于研究债券、探索中国的利率期限结构模型开始,到后来成为一名固定收益证券基金经理,我有幸经历了中国债券市场 20 多年来的成长历程。至今仍然感谢恩师带领我们叩响金融领域的大门,庆幸自己能够选择到热爱的领域作为自己的职业。因此,成为一名优秀的基金经理也成了我入行以来的奋斗目标。但是,如何才能做一名优秀的基金经理呢?

首先,做一名优秀的基金经理,要有扎实的基本功、勤奋的态度,要有亲自动手做验证的意愿和能力,最终形成自己对事物的判断力,进而转化为投资决策。资本市场每天充斥着各种信息,基金经理作为买方,更是站在巨人的肩膀上,每天能享用到许多优秀的卖方研究员提供的各种各样的研究成果。其中哪些是有价值的、可以为我所用呢?在投资的很多年间,我一直保持着一个习惯,对一些关键的宏观、金融数据等有自己的跟踪估算表,每当重要的信息发布出来,先带到自己的表格里看看会得出怎样的结论,然后再结合卖方的研究判断形成自己独立的看法。有亲自动手做验证的意愿和能力,对基金经理选择到有价值的研究成果并指导投资至关重要。

其次,做一名优秀的基金经理,不能在取得的成绩上睡觉,要善于发现自己的不足和欠缺,形成不断学习的态度和能力。资本市场的魅力在千变万化,保持常胜并不是一件容易的事情。坚持不懈地学习是难能可贵的一把金钥匙。

我也经常提醒我自己:你可能是货币基金、纯债基金领域的专家,

方法篇
——固收兵法

但是你面对的广大客户，他们希望的固定收益可能是高于货币基金、纯债基金收益的，你的投资要怎样满足他们的需求？你怎样去赚取那一块可能单靠债券赚不来的钱？我不断地督促自己去研究一些以前没有涉及的领域，我想每年我们只要在原有的纯债基金上增厚2~3个点，就是朝着固定收益投资领域深入迈进了一步，就是对自我的不断完善。

再次，做一名优秀的基金经理，要有清晰的投资目标，并且要有高度的责任心。固定收益证券基金面对的是中低风险偏好的投资者，这些投资者的替代投资是银行存款或者银行理财。所以固定收益基金的投资目标首先应该是赚取绝对收益，然后是要稳步赚取。你的投资无论是债券投资，还是可能有的一些权益投资，都应该以这个为出发点。

固定收益投资是一个细活儿，如何高效使用头寸对投资收益有锦上添花的作用，这点在货币基金管理上尤为突出。所以我们有时会看见，固定收益的基金经理们在临近收盘时还在安排一笔本不该滞留流动账户上的资金，这些都是责任心使然，没有这份责任心，是做不了优秀的基金经理的。

在固定收益证券的投资过程中，我主张的投资原则是"先做好确定的事情"。回顾我管理的农银增强收益债券型基金，产品于2011年7月成立，结合当时市场环境与大家做以下分享。

2008年全球爆发金融危机，2009年国家实施大规模经济刺激计划，经济逐渐回暖，2009年年底至2010年上半年，中国经济数据呈现过热迹象，通胀回升，2010年下半年利率开始上行并持续至2011年年中，叠加政府融资平台2011年第一次出现信用危机，2011年7月的债券市场正处于风雨飘摇的时期。在增强收益基金成立初期，我对经济步入通胀、滞胀时期的大类资产配置以及央行货币政策的转化条件都有清醒的认识，在充分比较各类资产的持有期收益的基础上，将大量资产投入可锁定收益的现金类资产，耐心等待投资机会的出现。

2011年中后期经济渐露疲态，4季度货币政策由紧缩开始趋于宽松。当10月中旬，3年期央票首次下行1个基点，央行货币政策露出第一个微调信号时，增强收益基金果断加长久期以及通过增加杠杆增持高评级信用债券。2011年3季度股债双杀，可转债也持续下跌，增强收益基金从债底价格角度判断转债底部，在2011年8月末中行转债、石化转债收益率超过4%和5%时开始增持可转债，抄到了2011年转债市场的大底。

由于2011年出色的业绩表现，增强收益基金的主要销售渠道代表投资者向我赠送了一条玫红色的围巾。这条围巾我至今珍藏着也没有舍得用，每当看到它，心中都无比自豪，因为这凝聚着投资者对一个基金经理的信任，也是每个基金经理心中最为期盼的东西。

投资是门艺术，更是门科学。基金经理是一个永远在路上的职业，这份职业充满辛苦，也充满乐趣。面对世界的纷纷扰扰，练好内功永远是立于不败之地的关键。

农银汇理基金 / 史向明

鹰眼视角：捕捉风险收益比最高的类属资产

2014年年底，我加入金鹰基金，参与筹备固定收益团队，正式踏入公募基金行业。

作为一名职业投资人，在过去十余年的固定收益投资管理过程中，由于资本市场瞬息万变，我深感投资的不易。我们身处其中，能够做到

方法篇
——固收兵法

"不畏浮云遮望眼"，其实是一件很难的事。我常告诫自己，要以新人的心态迎接每个交易日，警惕经验变成经验主义。

历经多轮牛熊市场变换，要做好投资业绩，我觉得离不开以下几方面的努力。

首先要敬畏市场，以新人的心态迎接每个交易日，不断学习完善自己的投资分析框架。市场瞬息万变，市场的逻辑也处于不断变迁之中，这就要求我们时刻保持对市场的敬畏，因为任何外生变量的冲击或者内生因素的影响，都会改变市场走势。只有时刻保持初心，保持新人的心态，警惕经验变成经验主义，才能对市场逻辑的演变予以关注、总结、反思，不断学习完善自己的投资分析框架，最终作用于投资实践。

其次要做好风险与收益的平衡，努力发掘风险收益比最高的类属资产。风险与收益如同一枚硬币的正反面，收益越高，往往风险也越大。在投资中，我们要基于对宏观经济金融环境和政策的研究，去发掘风险收益比最高的类属资产进行配置。

比如在2017年以来，我们发力的货币基金和中短债基金，就是以短久期的资产为主要配置标的。这是因为2017年以来的市场环境下，短久期资产不仅收益率高，而且没有久期波动风险，站在风险收益比的角度而言，这就是我们债券类属资产中最有价值的资产，这类产品也确实取得了比较理想的投资业绩。同时在投资过程中应将风险控制永远放在第一位，在控制好风险的基础上再去追求超额收益。

再次，始终秉持把持有人利益放在第一位的责任心，不负所托。在投资过程中注重精细化管理，善于利用"积小利"的投资规律，努力把握每一个积累超额利润的机会，竭力为持有人获得持续稳定的投资业绩，而优秀的投资业绩也将带来规模的持续稳定增长，形成良性循环。

"不积跬步，无以至千里。"未来，我们坚信聚沙成塔的力量，会始终保持对市场的敬畏之心，将投资者利益放在第一位，行稳致远。

金鹰基金／刘丽娟

深度分析，准确把握产品业绩高低的关键

2018年，无疑是非常值得铭记的一年。公募基金成长20周年，迎来新的征程，国内政策的调整、贸易摩擦的曲折演变、债券违约事件频发、股市深度震荡等现象深深牵动着每一位金融从业者及投资者的心。

债券投资作为一种相对稳健的投资形式，同样面临新的发展机遇。相较权益类、商品类、外汇类投资品种，债券投资具有收益较为稳定、波动性相对较小的特点，适合于风险偏好较低的投资者进行长期投资。债券投资主要关注宏观经济运行的规律、货币政策的取向、资金面松紧和投资者情绪的动荡，其中尤以经济增长、通货膨胀等宏观经济运行为根本性因素，预判好宏观经济运行的走势，方能把握好债券发展的大趋势，才能较为准确地把控好产品的久期和仓位。债券市场以机构投资者作为绝对主导，投资者群体的专业性较高，也更容易形成一致预期。这其中，如果能够准确把握预期差就能够赚取超额收益，而投资者情绪过度波动时，也是波段操作的好机会。

纵观过去十几年的债市走势，牛熊转换与经济走势息息相关，以机构投资者为主的债券投资群体体现出了较强的专业性。债市投资无不是围绕经济基本面进行展开，大行情的把握一定需要对经济基本面及其演变有较为准确的把握，这是安身立命之本。基本面的分析又逃不开周期的轮回，在此之上，对行情节奏和幅度的把握，尤其是微观行情变化的

方法篇
——固收兵法

把控，便更多来自实战经验总结。一笔投资由一买一卖两笔交易构成，每笔投资的预计持有时间、止损止盈点位、占总持仓的比重等要素，都非常重要。如遇显著的大趋势延续，减少操作频度，拿得住或忍得住是一种本领；遇震荡市，更考验基金经理的市场盘感、对市场情绪的把握和决断力。

理论分析非常重要，对大周期的把握必然来自一套坚实的宏观分析框架，但实际操作中，一买一卖两结点的把握则包含太多判断，需要在实践中不断历练，先要能看对，然后要追求既能看对，也能做对，这是对能力的一个更高要求。2008年金融危机以来，全球经济长周期上缺乏明显的增长动力，政策对于短周期经济的波动起着至关重要的作用，对于政策的准确解读特别是拐点把握也是债券投资的一门必修课。投资中经验很重要，但总结进化也同样重要，债券投资的魅力在于每次行情都穿着不同的外套却押着相同的韵脚，失败和教训在所难免，但越挫越勇的坚韧更弥足珍贵。

我个人认为，现时期债券投资除了需做好大势研判、控制产品的久期和仓位外，更需严格做好信用债投资准入、整体性提升投资评级，通过控制好单券集中度、评级集中度、行业集中度和地区集中度，做好分散化投资，以有效避免单券波动对组合整体业绩的冲击。信用分析要点面结合，首先要对行业、地区进行整体的信用趋势分析，在此基础上，对个券进行深入研究，财务指标是一个基础参考，除此以外要观察股权结构、业务发展趋势、关联方、上下游、担保、融资渠道畅通度、市场认可度等各相关因素，对企业进行现场调研也是一个非常重要的手段。随着越来越多的债券违约事件出现，刚兑思维、不破信仰都已成为历史，市场的定价将更趋理性，对行业和个券的深入分析将显得尤为重要，也将成为未来区分产品业绩高低的关键因素。

展望债市未来，在国内经济基本面下行压力增大的大背景下，贸易摩擦成为债市助力，目前债市的估值仍未回归历史均值水平，未出现泡沫化迹象，债市大环境暂时无忧。短期来看，2018年下半年债券预计以震荡下行为主，向上向下都存在一定的制约。而从利空因素角度，一是从汇率的制约因素看，目前美国加息导致人民币贬值，我国与美国的利差收窄，市场对资金外流的担心也在增加；二是通胀预期的抬升，债市的走势，还需要看汇率的压力是否可以得到缓解，2019年通胀的压力是否会升级，这都会对债券收益形成制约。未来国家去杠杆的大方向不会变，但力度和节奏可能有微调。目前看利率债的机会较为确定，若未来社融有所恢复，一些受市场情绪冲击有所超调的信用债也存在较大的机会。

中加基金 / 闫沛贤

固收之道：投研的抽丝剥茧和化简为繁

我从2011年加入公募基金行业，至今快7个年头，所谓的"七年之痒"非但没有出现，相反，每每看着行业里谦虚谨行的前辈以及朝气蓬勃的新人都很庆幸自己身处其中，新鲜感和使命感从不会缺乏。2017年有幸加入富荣基金，并从研究员转任基金经理，资历尚浅而拳拳之心不已。结合自己的经历谈两点领悟，一点关于行业与公司，另一点关于固收研究与投资。

坚定信念，铭记责任

相比其他资管子行业，公募基金最大的特色是公开募集，伴随着对社会公众的公开募集资格，其受到的监管也更为严格和透明，从而赋予每一个身处行业中的公司和个人公平的竞争环境和公正的评价结果。当前资管行业的环境正面临大的变化，从2015年的"资产荒"到2017年延续至今的"负债荒"，行业内的多数机构都感觉到了发展压力。在这种公平与公正的行业规则下，只要恪守为投资者赚取稳健收益的信念，公募基金公司的发展只是快慢问题，不是是非问题。在此时期，有幸作为基金经理与公司并肩携行，也在此对信赖我们管理能力的投资者表示感恩，我们一定不辱使命，稳健投资。

全面研究下的反人性投资

2017年从固定收益研究员转任基金经理，我有幸经历了研究员和基金经理两种角色的切换，谈一谈自己的感受。第一，研究顺人性而投资反人性。以信用债为例，赚取的票息永远有上限，而亏损的本金可能无底线，因此信用研究员永远要问这个债会不会违约。作为固定收益基金经理，要赚取超额收益一定要冒不确定性风险，确定性的低违约率可能意味着超额负收益，相反，多大的违约概率下给予多高的风险定价才是核心，"清汤寡水""火中取栗"都是投资人要避免的信用债投资范围，在两者之间的徘徊定价多需要反人性的思维方式。

第二，研究追求全面而投资追求独到。一篇研究报告，结论是其次，是自然而然的结果，需要更多地关注论据是否充分，论述是否有逻辑。而投资唯结果论，列明多种情景下的风险收益比是必须的，但仍不会指向百分百的确定性。考验基金经理正确判断能力的，永远是其对核心矛盾的把控和在此结论上给予的买卖时点和仓位，因此投资要追求思考和决策的独到。

第三，抽丝剥茧的研究与化繁为简的投资相结合。研究顺人性且追求全面深入，对事物的判断如抽丝剥茧，待事实与情景分析全面呈现后，基金经理要有能力化繁为简，要勇于利用自己的经验和判断化繁为简做出决策。因此，我相信，一个投资机构始终重视投研力量的持续投入，一名基金经理始终以研究导向投资，他们的固定收益投资一定会越来越好，越行越远。

富荣基金／吕晓蓉

聚沙成塔，守正出奇

"积极主动投资获取风险调整后的长期稳定回报"是我和我们团队一直坚持的投资理念，目标是在管理产品的过程中，通过积极主动型的投资，控制风险，获取长期稳定回报。

固定收益本来就是一个聚沙成塔的过程，是一个长期坚持的过程。守正出奇是投资人都想达到的理想境界，而我进入债券市场的第14个年头仍然只是一个证券市场的学徒，不敢妄言。我所坚持的是，虽然不能做到每次都判断对，但我总是努力在判断对的时候往正确的方向多偏一点，在犯小错的时候及时认错，不犯大错。在风险收益比确定的时候敢于下重手，在不确定的市场上准确及时地意识到风险，并控制风险。利用各种市场机会、多种策略增加组合收益，相信长期积累下来就能获得意想不到的好结果。反之，一些不计风险，激进甚至偏执的投资策略，正是我觉得需要严控的重要风险之一。

了解自己，认清自己，做适合自己的投资。扬长避短，做自己擅长的策略，自己能赚到的钱。尽可能地认清自己，冷静地把握自己能抓住

方法篇
——固收兵法

的机会；认识自身的不足，不要冒自己不可控制的风险。不熟悉的领域，看别人赚到了自己赚不到的，不要眼馋或遗憾，可以督促自己不断学习、不断研究，去拓展所擅长的领域或策略。

做投资的时间越长，会把控制风险放在越来越重要的位置。作为一个普通人，做投资以来长期都在苦恼如何才能真正做到克服贪婪与恐惧，慢慢地发现也许我们大多数人都永远克服不了人性，但我们可以通过深入研究和管理风险这两个途径去有效修正。深入的研究，会让人在市场的彷徨不安中坚定自己的观点和方向；有风险意识，管理好风险，就能在一定程度上用投资原则来约束人性的弱点，获得回报。

管理风险不是厌恶风险，控制波动不是杜绝波动。投资往往正是向风险向波动要收益。管理任何一个产品，都要首先明晰这个组合的风险收益特征，明确投资目标，做好资产负债的分析，进一步进行自上而下的资产配置和择时、择券管理。

管理的组合规模越大，投资的期限越长，资产配置对收益的决定因素就越大。固定收益投资虽然追求的是稳定回报，但并不仅仅是投资债券这一类资产，因此在组合管理中更重要的是资产配置。研究驱动投资，根据深入的研究分析，自上而下地做符合组合风险收益特征的资产配置，在各类资产组合中做出绝对收益，是做好固定收益组合投资管理的关键，也是我长期追求的目标。

对于基金公司、基金经理而言，我们有着信托的责任和使命，我们管理的公募产品，更甚者社保和养老金组合都是全国老百姓的钱，这本身就是一种巨大的责任，容不得半点马虎。真正地把投资者利益放在第一位，全力回馈投资者这份难得的信任，才能"不负所托"。

未来，我仍将继续坚持我们的投资理念，尽我所能，在严格控制风险的基础上，发挥自身优势，主动管理，积极投资，做符合基金风险收益特征的投资，努力为投资者赚取长期、稳定、可持续的收益。

我相信，不积跬步无以至千里，千里之行始于足下。我们秉持责任，聚沙成塔，深入研究，严控风险，做适合自己的投资，追求绝对收益，才能走得更稳、走得更远。

大成基金／王　立

构建准确、严格的信用风险体系

有人说，周期性是投资世界最重要的特征，但是投资者花在端点上的时间似乎远比花在中点上的时间多。股票投资就是研究股票价值。当然，债券基金经理的工作也同样是价值的发现，也就是去寻找风险收益比较高的资产。理论认为，高收益与高风险相关，因为前者补偿后者，但价值投资者往往在低于价值买进证券的时候，实现高收益、低风险。

在债券市场中，基本都是固定收益资产，所以主要是进行各种风险的评估。首先从利率风险上看，每一次债券市场牛市的结束，都是利率风险预期过小，市场近似于疯狂的拉久期，而牛市的开始则是利率风险预期过大，久期很短，市场特别的谨慎。其次从行业风险上看，近几年的债券市场中，2014年的城投债、2015年的房地产债以及2016年的过剩产能债，往往都是因为行业政策的改变，让本来高收益、高风险的债券，变成了高收益、低风险的资产。最后从企业信用风险上看，虽然债券市场逐渐在打破刚兑，但有一些优秀的投资者因为深入的分析和了解实际的信用风险，往往能够通过信用挖掘赚到实际低风险却收益不菲的钱。

方法篇
——固收兵法

优秀的业绩不仅是实力的体现,也与对风险的严格把控和准确分析密不可分。我们整体的信用风控体系总结有六点。一是投前必看:每投一个券要经过我们信评小组4个人,采取一票否决制,即使是同一个主体,不同的券,也要重新看一遍。二是定期跟踪:每个季度根据最新财报对有持仓的、债券库里的券重新跟踪,撰写跟踪评级。三是持仓调研:对每一个持仓的券,尤其重仓的券都要实地调研,跟主承、银行、券商、发行主体进行联络和沟通。四是债库维护:对所有入库的券都要按上面的规则去维护。五是舆情监测,由监察稽核部门全面负责。六是团队优势,我们的团队成员共4位,信评经验2~8年不等。

我会继续秉承"不忘初心,回归本源,受人之托,忠人之事"的责任和使命,践行自己的"风险分析,大巧若拙"的投资理念,努力为基金投资者创造长期稳健的投资回报。

北信瑞丰基金／郑 猛

机会篇

争鸣市场

风物长宜放眼量

在市场低迷之际,或许有必要与投资者分享一下我们当前的观点和正在做的事情。市场调整的确令人困扰,但股市本来就有潮起潮落,不可避免。我们如何正确看待波折,并且"逆周期"抓住投资机会,才是最重要的。

最近,市场内外的形势都比较复杂,避险情绪在升温,加之部分政策层面因素的影响,市场近日的弱势表现在所难免。

其实,从2018年年初我们就一直在说,经过2017年大涨之后,2018年的市场表现会更加震荡一些,结构性行情突出,投资者也应当调整心态，看淡市场涨跌，毕竟投资需要时间的沉淀。贪婪和恐惧一直在交织出现，基金经理也会恐惧，但是投资理念的坚定，往往让我们更加从容。

我一直坚信股票投资收益并非来自股价波动，而是企业的内生增长，只要投资的是业绩具备成长性的企业，我心里就是踏实的。而且在当前的市场环境下，市场情绪等因素使得部分优质的企业遭到"错杀"，能够以安全的价格左侧买入正是我所谋求的机会。

真金不怕火炼，一旦市场从调整中走出来，它们的价值将成倍凸显。所以，风雨过后是晴天，我们不妨"风物长宜放眼量"。

从中长期来看，当下 A 股并没那么悲观，因为底部区域也意味着是未来投资胜率更高的区域。从 2018 年年中发布的 GDP 数据来看，国内经济内生动能良好，压制力量其实主要还是来自政策层面，预计下半年经济增长温和放缓，这也是符合稳中求进的基调。从估值水平来看，无论是蓝筹、成长，甚至是创业板，都在历史均值以下，甚至已经处于历史最底部区间。而且，主要指数估值处于历史底部的同时，当前企业赢利水平较之前整体有明显提升。

从资金面来看，虽然 2018 年整体大的宏观环境是去杠杆，但在中国几个大类资产中，其实 A 股是比其他资产提前去了杠杆。从 2015 年 6 月开始，A 股经历了 3 次大的下跌，所以现在 A 股的杠杆率其实非常可控。鉴于宏观经济、基本面、资金面多维度提供支撑，加之近期高层会议提出"六个稳"，强调要做好稳就业、稳金融、稳外贸、稳外资、稳投资、稳预期工作，所以时间拉长一点来看，当前的 A 股是很有吸引力的。

在行业板块方面，我更看好成长，看好科技创新类、消费升级类公司，尤其会重点关注有基本面支撑的个股：医药、军工、新能源汽车、工业互联网、高端制造、半导体等行业的重大投资机会。从2017年开始，被提到最多的就是从过去的高增长向高质量的转变，这种转变肯定会深刻地影响资本市场。在中国的新兴产业中，将有政策支持、资金支持来回应高质量增长。

在个股选择层面，我们很看重企业领头人的企业家精神。企业家只有踏踏实实、不受外界诱惑、真正做好自己的本职工作，我们才会去深入研究和判断。只有当企业能够真正服务于实体经济，能把自己的业务做好，才能获得大家的认同，这些企业才会有价值。一些壳股票，或讲故事成分比较多的股票我们认为是比较危险的标的，会坚决回避。

我想，对于投资者而言，市场低迷不可怕，可怕的是心态的崩溃，以及随之而来的错误操作。以上既是我对当前市场的理解，也是希望能和大家一起，重新审视自己的投资心态。

明代大儒王阳明先生说过："破山中贼易，破心中贼难。"当我们内心的投资理念坚定，就会对市场的涨跌看得更加通透。

万家基金／莫海波

如何理解基于价值的趋势投资

行业有位前辈，讲过一个故事，下面先引用一段。

1984年，我的老师问我："什么叫唯心主义？"

一个老和尚带着一个小和尚到山里去，小和尚指着树上的桃花说："师父，我看到这棵树上的桃花开过三次，败过三次。"老和尚说："树上的桃花到底开过还是没开过，其实我们根本就不知道。

我们能够知道的只是你心里的花开了三次，败了三次。"

这就是唯心主义哲学思想很典型的表达。老和尚讲的这段话是对的还是错的？我在14岁的时候，觉得这老和尚简直是在骗人，胡说八道。而到了40岁的时候，我想明白了，老和尚讲的话是有道理的。首要问题即是，客观世界可知吗？如果你随意拿起一张纸问自己这张纸是什么颜色，你会说是白色的。问题在于纸真的是白色的吗？也许是因为我们的眼睛里少了某种色素，所以我们看不见那个真实的颜色。因此，纸的白色不是由纸决定的，而是由我们的眼睛乃至心灵决定的。

换句话来讲，大家做证券研究和证券投资，不要过度执着于对客观世界的认知和理解，你的认知和理解有可能也是错的。西方有一句话叫：人类一思考，上帝就发笑。所有人都在寻找真理，其实我们找到的可能都不是真理。更可怕的是，当你真的找到真理的时候，你自己可能都不知道那个其实就是真理，因为我们根本没有办法判断。

而老和尚的这段话再往下讲，就到了证券投资的一个核心问题。树上的花开了，人们心里的花也开了，股价涨不涨？涨。可是树上的花不开，人们心里的花可不可以开？可以。所以，股票价格不一定是客观事件的反映，也可能是人们内心世界的反映。一样的，有一天树上的花终于开了，可是人们心里的花却在谢，股价是涨还是跌？跌！

借用这个道理来阐释股市与经济的关系吧。每一次股市下跌的时候，大家都是全然不顾好的一面，只顾着拿利空来吓唬自己卖出股票。体现出来的就是熊市里的信息只有两种：利空和非利空；股价只有两种状态：跌与不跌。而反过来在牛市里，信息只有两种：利好和非利好；对应的股价也只有两种状态：涨与不涨。这样的状态很像是两口子，恋爱时的状态就是这也好那也好，情人眼里出西施；等到吵架时，能把10

机会篇
——争鸣市场

年前犯过的小错都翻出来一起算账。

那么，已经发生的客观利好，什么时候会反映在股价里呢？比如现在很多公司基本面还不错，但股价"跌跌不休"，经过长期的思考，我得到了一个很尴尬的答案，就是看图。

一个趋势向上的股价走势图，投资者总是会自觉不自觉地去解释、预测，解释为什么涨，预测下一步还会涨到什么水平，然后就会不断去找利好，如果找到了更多利好，上涨的趋势就会得到更多人的认可，股价自然会再上台阶，这就是进入了良性循环。这个时候，树上的花一旦盛开，心中的花必开，甚至树上的花还没开，心中的花也会开，这就形成了泡沫。

反之，一路向下的走势图，就会进入恶性循环中，毕竟，谁家的股票找不到几个利空，又有谁家的股票找不到几个利好呢？这个时候，树上的花即使开了，心中的花也开不了，那么股价也就涨不了，这时股价就被低估了。

这就是A股的现实，所谓的基于价值的趋势投资，一直是主导。

因此，我们可以观察到一个大牛股会有三个阶段：第一阶段是反映过去的利好，第二阶段是反映当下的利好，第三阶段是反映未来的利好，也就是泡沫阶段。而在第三阶段的利空，则攒到熊市第一阶段来反映，所以，熊市三阶段则分别反映的是过去、当下、未来的利空。

目前的A股市场，虽然经济还会继续下行，虽然贸易摩擦还会持续，虽然去杠杆不停止，虽然已经跌了很多，但大部分股票还是在熊市的第二阶段，小部分股票在熊市的第三阶段，只有更少的股票在牛市的第一阶段，而我们接下来的努力，应该要放在这些股票上。

天弘基金／肖志刚

宏观经济下的资产配置之道

2018年，中国公募基金业发生了一个重要事件，即证监会颁布了《养老目标证券投资基金指引（试行）》。这标志着中国的养老型公募基金将成为中国养老金"第三支柱"的重要组成部分，为全中国的退休人口提供一份全新的"晚年保障"。众所周知，中国正面临着人口老龄化的严重挑战。如何运用好资产管理工具，缓解退休人口激增所带来的社会保障压力，将是摆在所有养老型公募产品管理人面前的重大挑战。

一般来说，投资于养老型产品的资金往往具有较为长期的投资期限。国家最新出台的税务递延相关规定也进一步强化了中国未来养老型产品的投资资金应具有较长期投资期限。根据《养老目标证券投资基金指引（试行）》的规定，目标养老型FOF应该具有1年、3年或者5年的封闭期。面对具有较长封闭期的资金，如何利用好3年或者5年的时间窗口，进行有效合理的资产配置，将成为养老型产品能否取得该类型产品目标收益的关键。这也将成为所有公募FOF管理人需要共同面对的重要课题之一。我们认为应该围绕中国特有的宏观经济周期来寻求该课题的解决方案。

回顾中国过去20年的宏观经济发展历史，根据工业企业产成品库存数据，我们可以看到从2000年到2018年，我国宏观经济已经经历了5轮完整的存货周期。目前，我国的宏观经济正处于2000年以来的第6个存货周期中。根据过去5轮完整的存货周期来看，在存货周期的扩展阶段，往往是股票类资产受益。如果我们进一步将存货周期划分为"被动去库存"、"主动补库存"、"被动补库存"和"主动去库存"4个阶

机会篇
——争鸣市场

段来观察，即使不考虑其他影响权益类资产的因素，在"被动去库存"和"主动补库存"阶段，上、中、下游行业的权益类资产有较大概率的较好表现。特别要强调的是，在过去3轮完整存货周期的这两个阶段中，大量中游行业的权益类资产则无一例外均取得了绝对收益。而对于"被动补库存"阶段和"主动去库存"阶段，权益类资产则大概率亏损。但是值得庆幸的是，通过历史数据分析，我们发现在这两个存货周期的收缩阶段，黄金则成为获取绝对收益的有效资产。

我国的固定收益类资产的收益表现与我国的宏观经济货币周期高度同步。如果我们利用10年期国债到期收益率来观察我国货币周期的波动，2007—2018年，我国10年期国债到期收益率大约经历了4轮波动周期。无一例外的是，在国债收益率上升阶段，我们观察到无论是中债长期债券指数还是中债中短期债券指数，均是下跌的，而在国债收益率下降阶段，两个中债债券指数则出现上升。在我国利率市场化尚未完成的现阶段，中国国债利率变化仍将主要体现出我国政府对宏观经济调控的意志。虽然国债利率的波动并未与宏观经济周期完美匹配，但仍然反映了我国政府面对经济周期的调控力度，与我国的宏观经济周期具有高度的相关性。

尽管我国的二级市场投资不得不时常面临各种国家政策在短期内的干预与冲击，但如果我们在一个更为长期的时间窗口中进行观察和决策，仍然能够清晰观察到那只"看不见的手"在影响着宏观经济的发展，推动着宏观经济呈现周期性的波动。我们相信，深入细致地研究这些周期性的波动，能够让我们进行更为合理的大类资产配置，为养老型产品带来更为稳健满意的收益。

站在我国改革开放40周年和公募基金发展20周年的时间节点上，我国正面临着极为严峻的国际形势。2018年7月11日，美国拟将再次扩大针对中国出口的制裁范围，中美贸易摩擦正愈演愈烈，这必将成为中国未来5年、10年甚至20年社会经济发展的巨大挑战之一。

然而，机遇与挑战并存。全球也正迎来新一轮的设备投资周期，全球主要经济体正在积极地全面提升自身的高端设备制造产业，这也为"中国制造"再次升级提供了一个极为有利的时间窗口。我国的最高领导层也提出了继续加大改革开放力度和深化经济结构调整，为中国未来的发展指明了正确道路。我们相信，伴随着全球的产业升级，全国上下团结一心，努力奋斗，定能成功跨越艰难险阻，迎来新一轮的社会经济健康高效发展，而我国的公募基金行业也必将伴随着祖国发展而日益繁荣。

诺德基金 / 郑　源

长牛正在路上，守正待时

2018年以来，国内外市场不确定性因素的增加，使权益、债券、黄金、原油等市场的波动率均有所上升，投资难度增加。国内方面，国内宏观经济仍有下行压力、金融去杠杆和强监管仍会继续、债券违约事件频频发生、中美贸易摩擦不断升级；境外市场方面，美元指数回升、美国10年期国债收益率多次冲击"3"、美国贸易保护主义升级、新兴市场的货币危机爆发、中东地缘政治纠纷等事件层出不穷，国际市场剧烈震荡。

但从中长期来看，我们对未来并不悲观。首先，国内宏观经济指标表现出较强的韧性，PMI（采购经理指数）产出指数总体平稳向好，显示经济景气程度总体相对平稳,当前我国经济已出现边际好转的迹象;PMI分项指标表现向好,表明生产端出现好转。与此同时,政策边际放松、人民币汇率企稳,在中美贸易摩擦的"倒逼"下,对东盟、日本等地区的贸易总值有较大的增长,进出口贸易结构在不断优化,这些因素都有助于中国经济由高速增长向高质量发展平稳过渡,展现出较强的韧性。

其次,从基本面来看,由于供给侧改革初见成效,部分上市公司的ROE等盈利性指标已经出现了显著的修复,龙头个股的市场份额和赢利水平增长强劲,其盈利增速高于经济增长水平。此外,从估值水平来看,目前A股的整体水平仍然不高,沪深300的平均市盈率为10.8倍,中证500平均市盈率为19.2倍,创业板平均市盈率为35.8倍,均处于历史上相对较低的水平,部分龙头个股与海外的龙头企业相比有明显的低估,因此,只要宏观增长平稳的大背景不变,估值修复的逻辑就仍然有效。

最后,从资金面来看,A股纳入MSCI指数、陆股通持续净流入和养老金入市都意味着中长期资金流入仍将继续,中长期配置窗口即将到来。以陆股通为例,在A股市场成交量和换手率持续萎缩的背景下,北上资金加仓意愿较强,陆股通净流入在波动中上升。因此,从中长期来看,股票市场长期向好的逻辑并未改变,长牛慢牛或正在路上,我们对未来的信心依然坚定,建议守正待时。

因此,在市场长期向好和短期投资难度增加的环境下,我们建议投资者要相信专业的力量,把专业的事交给专业的人来做。自1998年以来,我国公募基金行业已走过20年的风雨征程。经过20年的发展,公募基金行业从零起步,历经数轮牛熊洗礼,已经成长为中国资本市场的中流砥柱。凭借其规范的运作和专业的投资管理能力,公募基金行业在过去的这20年里，总共为投资者创造了超过2.2万亿元的回报，普惠数亿投资者。然而，《中国证券投资基金业年报》（2016）的数据显示，自投资基金以来有盈利的投资者占比仅为30.9%。究其根本原因，主要是因为国内大部分基金投资者总是买在高点、卖在低点，追涨杀跌的行为使得他们在投资时点上选择错误，并没有从基金投资中赚到钱。

针对投资者资产配置难、择时难和基金选择难的痛点，专业的资产配置产品和服务——FOF应运而生，公募基金的发展步入资产配置的新时代。作为资产配置的利器，FOF基金经理通过多资产配置策略，在合适的时点挑选到合适的资产，对基金公司、基金经理和基金产品进行持续跟踪来精选基金，并分配恰当的比例，避免投资单一类别基金带来的巨大风险，使得基金投资更加有保障。

作为国内较早的FOF基金经理，我从事基金研究工作已有9年。在这9年里，我充分发挥自己在定量分析方面的优势，重点对基金业绩评价方法、基金经理主动管理能力、基金流动性风险管理、基于大数据和高维数据的基金业绩评价、大类资产配置等问题进行了深入研究，并出版发行了个人专著《我国开放式基金绩效研究》。在这个过程当中，我慢慢形成了大类资产配置和基金的研究逻辑框架，多年的研究经验对我的投资理念也产生了较为深远的影响，并将其应用于实际投资中。

例如，在裕源FOF的实际投资管理中，我们构建了A股、港股、债券、大宗和货币等大类资产各自的影响因子集，挖掘出不同资产的敏感因子，提取合成不同资产的观察指标，并对国外多种成熟的大类资产配置方法进行一定的改良，通过量化多策略的方法进行资本配置。在底层基金的筛选上，我们采取定量和定性相结合的方法来分析基金公司、基金经理和基金产品。其中，我们先采用量化投资中的多因子技术对不同类型基金的风险收益特征进行评估研究，对风格稳健、超额收益能力强的基金进行动态识别，并从中筛选出部分优秀基金进行调研，通过对基金经理审核、团队内部讨论、公司FOF投决会综合评审之后进入核心池，最后，基金经理会从核心池中选出一定数量的排名靠前的基金来构建投资组合。

"我有一樽酒，欲以赠远人。"在未来的日子里，我将继续秉承勤勉、尽责、专业、独立思考和敬畏市场的态度，永远将投资者利益放在第一位，尽最大可能持续地为投资者获取稳健收益。我们将把更多的精力放在大类资产配置研究、基金优选和风险控制上，这也是未来我们创造长期稳定收益的根源。希望投资者的财富不仅能增长，更能够长期稳定的增长，这也是我们一直努力的方向。

前海开源基金／苏　辛

铭记新时代烙印，投资坚守初心

回首资本市场的风雨过往，每一个阶段都伴随着时代的烙印。从1990年年底A股市场拉开帷幕，到2005年股权分置改革、2008年的全球金融危机、2015年的"创新牛、改革牛"，乃至2018年的阶段性调整，仔细品味A股市场每一次的波动起落，其实是走了一条非常具有中国特色的发展道路。

最近很多人调侃，指数10年不涨，但换个角度，10年前A股总市值约20万亿元，而现在已经是50多万亿元，说明中国经济的证券化一直在推进，A股市场其实为投资者提供了越来越多元的机会。这个趋势在未来也仍将继续，只不过我们将迎来一个变革更多的新时代，而投资机会也相应地将打上这个新时代的烙印。

突围
——88位基金经理的投资原则

展望未来，新旧动能转换，新兴经济或将取代传统行业成为驱动中国经济增长的核心力量。相关制度变革为新兴经济提供了成长的土壤，如同森林中既有老树枯萎，亦有草木新生，只要环境合宜，新的力量就会蓬勃而出。

而一位专业投资人所需要做的就是"察言观色"，以丰富的经验、专业的角度体会环境的变化，寻找未来能够提供丰厚回报的新兴领域。同时也应意识到，在改革进入深水区时，触碰传统利益格局的变革不仅需要智慧，更需要勇气，与此相关的投资机会也可能跌宕起伏、辗转反复。

想要挖掘和把握变革时代中的机会，就需要对传统的研究框架进行适时的调整，其中，优秀管理层的溢价将更为显著。变革时代中的风险如同机会一样，总会有些出人意料，相信2018年的市场行情可以让大家深刻体会到这一特点，信用违约、质押爆仓、汇率贬值、中美贸易摩擦等这些以往不常出现的事件成为2018年影响市场的重大要素，传统框架中的对企业盈利、风险偏好、无风险利率的研究已经不能完全反映出对估值体系的影响。但反过来看，在缤纷复杂的环境中，企业价值就显得更为重要，一直专注于企业核心主业、不忘初心的管理层团队有能力带领企业穿越雷区，逆势成长。变革的时代，坚守初心更显珍贵。

最后，相信未来公募基金将会承担更多为资本市场优秀公司定价的使命，间接甚至直接地参与到国家新旧动能转换的大时代潮流中，参与到制度变革孕育的巨大机会中，参与到新兴经济从初生到繁荣成熟的过程中。公募基金既面临变革时代的新机会，也面临新风险，道路曲折，但前途光明，不论市场如何变换，作为基金管理人，为持有人获取收益，用专业赢得信任的初心始终不变。

太平基金／宋 磊

机会篇
——争鸣市场

寻找中国转型升级的中坚力量

入行时，我是一名机械行业研究员，那时正值4万亿元基建投资之际，耳熟能详的都是工程机械、铁路装备。回顾这几年行业的发展，至今三一还未回千亿元级别，南北车合并也没能涅槃重生，昆机和二重却已退市，机械行业好像不是那么理想的赛道。感叹之间，发现机械行业的变迁真真切切地映射着中国经济的更替，如今半导体设备、锂电池设备、工业自动化都在诠释着中国的转型升级。

我一直坚信赛道是最重要的，正如一句谚语"男怕入错行，女怕嫁错郎"，中国如此巨大的经济体给我们足够多的赛道去竞技，公司找到与之能力相符的赛道才是成功的关键。而我们投资就是选出那些赛道，预测谁将成为赛道上的胜者。巴菲特找到了那些长跑冠军，书写了其辉煌的投资生涯。反观中国公募基金20年，这个年轻行业才刚刚成熟，价值传承的道路会越走越坦荡。

中美贸易摩擦让我们对未来的冥想颇多，理性告诉我们未来发展肯定不能靠杠杆。我们发现中国只有金融地产业的投资收益率可以与美国相媲美，其他各个行业的净资产收益率都远逊于美国。

换句话说，我们已经是金融大国，但不是经济强国，我们的各个行业都有转型升级提高赢利能力的空间。制造业是相对优势较为明显的行业，但部分核心零部件依旧依赖进口。可喜的是，伴随新兴产业的崛起，装备领域的核心技术都在突破。可以预见，未来几年我们在电子通信领域的优势将更为明显，比如半导体和5G，这些行业的竞争格局也将继续优化，技术革新将促使份额向龙头集中。

消费品亦是如此，美国采用工业化生产品牌，而过去几年，中国的消费品牌基本都在下沉渠道，所谓得渠道者得天下，从家电、家居到智能硬件，渠道优秀的公司都慢慢培养出家喻户晓的品牌，管理效率稳步提升，从而抬升自身的赢利水平。而一些拥有流量和用户的互联网企业也在不断整合资源跨领域变现。中国这一批管理优秀的企业如何自我进化、换挡成长，非常值得期待。我们认为在过去几轮城镇化中积累了充分的资本、提高了管理水平的企业有很大概率能够继续领跑，充分受益于这个时代。中国的"漂亮50"时代才刚刚开始。

曾经我的投资框架更侧重于宏观对冲，通过行业偏离来达到跑赢指数的目标，这种行业比较是一种主流的策略分析框架。回溯一下2018年1月底和6月底的宏观预期便可明白预期是最不可测的。而从长期来看，最可测的还是优秀企业的发展。海外成熟市场早已领悟到这一点，所以波动率较小。而新兴市场因为行业格局未定，自然波动率偏大。供给侧改革和去杠杆正在加快行业整合，未来持有好公司可能真的能够穿越周期。

天治基金 / 胡耀文

机遇挑战并存，紧抓两大投资机会

2018年，大资管新规、《养老目标证券投资基金指引（试行）》等推出，为公募基金行业带来新的机遇，公募基金行业大有可为。纵观2018年的投资机会，我认为有两点值得关注：一是A股纳入MSCI指数带来利好；二是指数基金为投资者把握机遇。

机会篇
——争鸣市场

A股纳入MSCI指数带来利好

A股纳入MSCI指数,可谓是2018年A股的一项重大利好。MSCI是全球著名指数编制公司,其发布的MSCI指数是全球投资组合经理最多采用的基准指数之一,具有公开性、客观性和实用性等特征。根据MSCI公布的进度,A股将于2018年6月起首次纳入MSCI指数,9月3日完成A股的首次纳入,因子为5%,权重约为0.73%。

在MSCI中国A股相关指数中,MSCI中国A股国际通指数是唯一能够动态反映A股被纳入MSCI全过程的指数,其成份股聚焦于大市值蓝筹、行业龙头,直接受益于这一重大利好,为投资者分享A股核心资产长期机会。万得资讯数据显示,2017年在以蓝筹股为核心的震荡行情中,MSCI中国A股国际通指数全年上涨30.83%。在A股逐渐回归价值投资本源的过程中,该指数所聚焦的蓝筹白马和行业龙头个股将更加受益,指数上涨后市可期。

A股纳入MSCI指数是其走向国际舞台的重要一步,长期来看,能够促进A股投资者结构、理念以及市场机制进一步国际化,整个市场估值体系将会重构,有利于推动A股投资风格逐步理性化,回归价值投资本源。具有全球竞争力与稀缺性的优秀公司估值溢价将进一步凸显,对价值蓝筹、绩优白马形成利好,其盈利的可见性和流动性对海外资金具备更强的吸引力。MSCI公司的首席执行官费尔南德斯称,A股初始纳入后可吸引170亿~180亿美元资金,未来完全纳入后,预计资金流入将达到3 400亿美元左右。

指数基金为投资者把握机遇

历经多年发展,指数基金已成为投资者进行资产配置不可或缺的一类工具化产品。指数类基金通过跟踪某只特定指数，为投资者分享指数上涨带来的收益，增强型指数基金还可通过量化模型辅以主动选股等手段，获得超额收益。由于指数基金具有投资费用低廉、持仓透明、风险分散等优点，已成为投资者较为理想的长期投资标的。

由于指数基金自身具备的优势，在海内外一经推出，即受到投资者的欢迎。根据美国投资公司协会（ICI）2016年的报告，截至2015年年底，美国指数产品共1 900只，规模达4.3万亿美元。我国的指数基金于2002年起步，规模和基金数量也在逐年增加中。截至2017年年底，我国指数类基金数量已超500只，规模近5 000亿元。

在众多指数基金中，ETF的优势也值得关注。在投资层面，ETF相当于投资一篮子股票，通过分散投资降低投资组合的波动性；在交易层面，ETF可以在交易所上市交易，也可在场外机构进行申购、赎回，投资者可以在ETF市场价格与基金单位净值之间存在价差时进行套利交易；在信息披露层面，ETF采用被动式管理，基金持股相当透明，投资者较易了解基金投资组合特性并掌握投资组合状况，从而做出适当的预期。

建信基金／梁洪昀

挖掘经济转型中更多的投资机会

过去10年，我国的经济总量保持了非常快速的增长，人均GDP增长超过100%；我国大量的重工业产品，如钢铁、建材、化工原料等，产量占全球比例达到50%甚至更多，这标志着我国在全球经济中占有重要地位，同时也说明我国经济向消费型、技术型经济转型升级的必要性。

在下一个 10 年，我国经济总量预计很难达到在过去 10 年所达到的增速，但是，在增长的质量和效率上可能会远超过去 10 年。未来我们在全球占据较高市场份额的不仅是低端的工业品，还有高端机械、电子产品、药品甚至消费品。产业结构上，龙头公司的优势会更加显著，野蛮生长阶段结束，效率、品牌、质量成为商业竞争中的关键。我们也将尽力从中国经济的转型变化中挖掘更多投资机会。

低估值行业是关键

我们认为目前市场上的机会主要有几类。首先，有一部分估值较低、增长较稳健的行业，可以提供稳定收益的机会，比如银行、消费类的一些公司，考虑分红以及自身的增长，在估值合理区间内长期持有可以获得不错的收益。其次，由于市场对经济的预期不高，导致部分周期股的估值较低，比如地产、煤炭、建材等行业中的一些公司，有比较高的收益风险比，即使经济真的很差，下跌空间也比较有限，但如果实际情况比预期的好，可以获得比较可观的收益。再次是自下而上的一些机会，有部分中等市值的公司，如 100 亿~300 亿元市值的，由于 2017 年受关注较少，考虑估值和增长已经有比较高的性价比。

经过前期下跌，我们认为市场估值已进入底部区域，产业资本也开始进场增持，同时叠加短期资金面的宽松、市场对中美贸易摩擦敏感度的降低以及国内政策的微调，市场有望迎来一段时间的反弹。但投资者信心修复仍需时间，建议关注低估值、高回报、稳定增值的投资标的，同时关注中报超预期且景气持续的行业及个股。

投资是一场长跑

我们认为投资是一场长跑，主要目标是追求长期战胜市场的复合收益率。我们的投资体系是以公司的价值分析为基础的，而我们获取收益的主要来源是企业的盈利增长带来的复利。但是，长期是由短期构成的，我们也希望每天都有稳定的收益，但现实告诉我们这是不可能的，获得长期较高的回报就需要承受短期波动的风险；选择性地忽略短期的波动，才能更坚定地着眼于长期的目标。当然我们会努力控制投资组合的下行风险，不要因为过程的波折而影响到持有人的信心与决策。

富安达基金／毛　矛

祸福相倚，危中有机

中国近期所采取的宏观政策，为长期发展奠定了更为坚实的基础。2018年以来，国内外一系列的变动突显了各种结构性矛盾。举个例子，中美贸易摩擦暴露了核心制造能力的短板；去杠杆带来信用危机也暴露出风控制度的不完善。资本市场正在反映悲观的预期，在这个危急时刻，如何冷静思考未来，寻找机会，比趋势性恐慌看空更为重要。

首先，供给侧改革对于传统行业落后产能的清理已见成效，不仅改变了国内经济秩序，也提升了中国在国际资源品市场的议价能力；金融去杠杆虽然在执行过程中分寸难以把握，但其长期必要性不可否定。根据国际清算银行的统计，我国企业负债占GDP比例从2012年130.6%上升至2016年峰值的166.4%，虽然2017年下降至160.3%，但仍远高

机会篇
——争鸣市场

于经合组织认定的90%的警戒线。另外，去杠杆过程中金融秩序的整顿，比如对于P2P（点对点）的清理，有利于金融市场的长期稳定发展；房产税的征收则有利于地方政府摆脱长期以来对于土地财政的过分依赖，引导社会资源从房地产流向实体经济；而中美贸易摩擦也揭示了中国制造的核心技术缺失的短板，全国对于工业核心技术的重视和投资也大大提高，长期看有利于中国制造业产业的升级。因此，我们在承认短期宏观经济压力的同时，更应该看到中国经济长期发展的希望。

其次，在这次危机冲击下生存并壮大的企业，将成为我们未来获取超额投资回报的最大来源。我们过去的发展主要依靠投入型增长，人口红利、国际分红红利以及改革红利的三重叠加，创造了发展奇迹。随着人口老龄化的到来，人口红利的逐步消失使得企业进入产业升级的发展轨道。而近期环保监督的趋严以及社保征收规范化则加速了结构升级的进程。叠加目前较为严峻的海内外金融环境，企业，特别是民营企业的经营面临前所未有的严峻考验。能在这波大浪淘沙的考验中生存并壮大起来的企业，将成为价值投资者的投资金矿。参照美日贸易摩擦期间，日本经济增长由外贸导向型转向技术推动型，一批日本企业通过自身技术升级改造，成长为世界级制造企业，为投资者带来的长期稳定回报，中国企业的发展，目前有部分行业的企业已经成长为世界龙头，也有一些企业正在励精图治，努力实现跨越式增长。根据目前国家经济政策导向及自下而上的产业分析，我们认为在生物制药、高端制造、电子通信、计算机、互联网等新兴产业，出现跨越式发展的企业的概率较高。

最后，恐慌性的股市下跌恰恰为投资者介入优质公司提供了最好的时机。往前看，预计股市的波动率仍将维持在较高的水平，原因是引发下跌的内外因素短期内无法得到根除：经济的惯性下滑将至少持续到2019年；中美贸易摩擦带来的负面影响将于未来几个季度全面体现；新兴市场货币危机有进一步扩散的趋势，国际金融动荡仍未平息。另外，从估值来看，经历了2018年年初以来的回调，沪深300指数2018年市盈率仅10.9倍，未来两年EPS增速在13%以上；恒生指数2018年市盈率10.5倍，未来两年EPS增速分别为7.7%及9.8%，配合2018年预期股息率3.8%；代表中国新兴产业发展的创业板整体PE估值已经由2015年6月顶点的超过170倍收敛至目前的36倍（动态），结合未来两年，盈利增速为28%及31%。整体而言，目前A股、港股的估值已经进入合理投资区域，许多优质企业均已出现明显的长期投资价值。在市场剧烈波动过程中，企业的估值会偏离合理区域，为价值投资者奠定长期超额回报的基础。

我认为只要正视目前的困难，敏锐抓住事态转变的关键，投资就能化危为机。

恒生前海基金／林国辉

借力长期投资，放眼未来发展

我是一个来自中国台湾的金融工作者，至今，在大陆公募基金行业工作了3年时间。记得入职第一天到北京出差，遇到了一位对投资特别有激情的出租车师傅，一路上除了滔滔不绝地告诉我他成功的投资经验外，也对基金经理人的表现毫不留情地大肆批评了一番，无非就是他业余的投资表现远胜过这些外表光鲜亮丽的专业投资经理人。从这位师傅身上看，在赚钱这个事情上，两岸国人都特别有热情，讲起股市分析，也是街头巷尾人人都是专家，没有谁服气谁。

机会篇
——争鸣市场

我在上海公募基金行业工作的这3年,见证了共享经济的起飞,而滴滴打车的迅速崛起,影响了很多出租车师傅的收入,也深刻地改变了这个行业的运作方式。借由移动通信与地图软件的协助,每个拥有汽车的驾驶人都可以在瞬间从业余的身份转为职业驾驶人,这在以往没有移动通信设备的年代,特别是在上海这样的城市,行业进入门槛是非常高的,但是科技的进步大大降低了这个难度。不过,有打车经验的人可能会有这个体会,当你有重要的行程,需要到不太熟悉的地方去,你可能还是比较愿意乘坐出租车,而不是一般业余的快车,因为,有经验的出租车师傅比较熟悉路况,比较清楚路线的备用方案,在紧急的时刻,可能不会耽误事情,非一般的快车师傅所能比肩。

面对投资者,基金经理人最常被问到的是对市场未来的看法,这是个十分难以回答的问题,原因在于谁都无法每次都准确预测股市的表现。简单地说,没有人知道明天会发生什么事。那么在充满不确定的环境下,如何投资?择时可能吗?多数人都希望买在最低点,卖在最高点,其实这是很不现实的。择时成功需要依赖准确的预测,偶尔正确地预测到某些事件,但是随着事件落地之后,接续发生的结果也可能是与原来的预期南辕北辙。举个例子,2016年年底的美国总统选举,特朗普意外胜选,全球金融市场原本担心的利空成了事实。不过,股市的反应只有两个小时,出乎大家意料。特朗普当选总统后,亚洲、欧洲股票下跌,美国股指期货也下跌,但第二天早上全球市场又回升了。源自这样的体认,我不相信以预测市场短期波动为基础的交易所带来的收益是可持续性的。

那么,我们面对具有高度不确定性特色的金融市场,什么样的投资方式可以被相信呢?在我的投资实践中,我相信长期投资的力量。以MSCI世界指数为例,1970年年初至2018年6月底止,在这将近50年里，全球金融市场历经各种危机，对于身处其时的投资者来说，当时的股市就像是世界末日将至，充满了悲观、绝望的负面情绪；但是，从现在往回看，历史长期统计数据告诉我们，股票市场平均每年总投资收益率（股息率+价格回报率）仍然达7.2%（环球市场综览，摩根资产，2018/07）。

不过，基金公司也经常提示投资者，过去的绩效不代表未来。那么，为什么可以相信金融市场过去的表现呢？经济增长来自3方面：技术创新、资本及人力资源。而随着全球人口老龄化，技术创新将是未来经济增长的核心。股市反映的是经济增长的预期，正由于人类追求美好生活的天性，技术创新将持续扮演促进经济增长的最重要推手，这就是为什么每一次市场到谷底都能再次翻身，而且能再创造历史新高。

2018年以来，全球金融市场跌宕起伏，特别是新兴市场，包含港股及A股在内，都出现了较大幅度的下滑，投资者普遍失去了对市场的信心。相比多头市场的投资，我更偏好在空头市场进场投资。因为，在空头市场中，好公司的估值也会出现下滑，也就是能以更便宜的价格买入好公司。此时，投资人更应该以长期投资的角度、分批进场（定投）的方式，择优买入。

股票投资看似是个进入门槛不高的行业，人人都能轻易投入，在牛市时，多数人也都能获利。但是，股票市场的剧烈震荡与难以预测的特性，造就了少数的长期赢家，除非你获利了结出场后，不再投资股票，否则很难保证你在未来股市的波动中能够全身而退。如果不是专业的金融投资人员，本身也欠缺金融投资的专业知识，即便拥有高科技工具的辅助，在当前世界快速变迁的时代里，还是很难与拥有各项研究资源的投资专家相抗衡。

机会篇
——争鸣市场

投资理财是美好人生规划的一部分，专业的事应该让专业的人来服务。

期勉公募基金行业未来更多的 20 年，能够为国人在投资理财的需求上，提供更全面、多元的基金产品与稳健的投资回报，体现专业投资的价值，以回报所有基金投资者的信任托付。

中海基金 / 林翠萍

论道A股

中小创的春天还远吗

2018年以来，A股市场风格出现较明显的变化，白马蓝筹表现偏弱，而中小创则异军突起，投资者不禁要问，市场风格真的发生切换了吗？我认为，以2018年全年角度来看，市场的主要投资机会在于新兴成长领域而非蓝筹白马，系统性的投资机会在于下半年而非上半年。本文试图从市场风格演变的宏观背景、经济增长的驱动要素及相对估值吸引力几个方面进行阐述，说明为什么主要投资机会在于新兴成长领域，为什么重要机会在下半年。

回顾过去5年的市场演变，我们经历了波澜壮阔的大牛市，经历了

机会篇
——论道 A 股

惊心动魄的 2015 年股灾和 2016 年年初的熔断，也经历了 2017 年价值回归的蓝筹白马的慢牛行情。万变不离其宗，各种变化均与当时的宏观经济及流动性环境背景息息相关。

我们简单复盘一下 2014 年以来的中小创的泡沫形成及覆灭过程，以及背后的宏观渠道因素。众所周知，2013 年那轮房地产景气周期高峰结束后，中国经济依然在 PPI（生产价格指数）持续同比负增长的通缩环境中苦苦挣扎。然而从 2014 年开始，经济的孱弱与流动性的宽松形成共振力量，为中小创的大牛市奠定了基础。一方面，传统产业的赢利能力持续下滑，资金从传统产业板块不断撤出，寻找中期有美好前景的领域。另一方面，宽松的流动性环境为小企业的并购重组创造了良好条件，2014—2015 年的牛市环境中，兼并收购为中小创公司的表观业绩快速增长做出了巨大的贡献。业绩增速与估值提升的不断正向循环，以及资金成本的不断下行，是中小创形成巨大泡沫的主要驱动因素。

2015 年股灾之后，股票二级市场的杠杆水平迅速回落，但宽松的流动性环境和持续走低的资金成本使得主题热点依然层出不穷。中小创真正地系统性挤泡沫是 2016 年第 4 季度才开始的。首先，2016 年传统产业开始供给侧改革，大多数传统周期行业景气度大幅改观，吸引资金流向这些板块；其次，金融去杠杆开始强力推进，资金成本大幅上升，高估值的中小创受到沉重打击；再次，随着兼并重组审核趋严、估值水平回落，外延并购模式出现了显著的负向反身性循环，估值与盈利增速双杀。

站在当前时点，蓝筹白马和中小创的天平已从之前的一边倒转向逐步平衡。我们认为，经济增长驱动要素和估值性价比这两个维度可以很好地刻画"天平从倾向蓝筹白马到转向平衡，以及未来逐步倾向中小创"这一过程。

从 5~10 年中长期经济发展的视角来看，中国经济已经由劳动力要素驱动、资本要素驱动转向全要素生产力驱动。从 1990 年到 2010 年之前，中国劳动力优势显著，中国经济发展享受了很长一段时间的人口红利。随着 2010 年前后中国迈过刘易斯拐点，人口红利逐步消失，劳动力要素对经济增长的驱动力逐渐衰减。2009—2016 年，中国先后通过国企加杠杆、地方政府加杠杆、居民加杠杆等手段稳定经济增长，到 2016 年年末除中央政府外的各部门的杠杆水平都已很高，资本要素的驱动作用也已是强弩之末。

随着 2017 年金融去杠杆政策严厉实施，资本要素的驱动力式微。中国若要成功跨过所谓"中等收入陷阱"，势必会在全要素生产力（即生产效率）方面努力突破。2017 年经济工作会议首次提出"我国经济发展进入了新时代，基本特征就是我国经济已由高速增长阶段转向高质量发展阶段"这一重要判断。可见，今后几年中国经济的努力方向就在于提升全要素生产力，主要的途径就是通过技术创新、商业模式创新、体制改革释放活力等。

在 2014—2015 年的大牛市中，新兴成长行业被炒上了天，形成了巨大的泡沫。从产业方向来看，这些领域仍然是正确的，高企的估值水平对于创业者而言意味着极低的融资成本，给予其更多尝试和探索的机会。过去两年中小创的持续下跌，并非是否定新兴产业的战略方向，只不过是泡沫化估值的合理回归或者"伪创新"主题股的证伪过程。

从中短期投资的择时角度来看，目前新兴成长股票也已经进入较为理想的可投资范围了。在经历了 2015 年股灾后的大浪淘沙，中小创股票的估值水平一降再降。时至今日，从性价比的角度而言，蓝筹白马中的龙头企业和中小创中的龙头企业业绩增速和估值的匹配度差异不大，一小部分优质新兴成长龙头公司估值水平甚至低于业绩增速偏慢的蓝筹

机会篇
——论道 A 股

白马公司。

2017 年是 A 股历史上非常特殊的一年，白马蓝筹的估值水平节节攀升，而中小创的估值水平则大幅收缩。究其原因，是由于特定的宏观流动性背景而形成。2017 年国内开始进行"金融去杠杆"，流动性主动收紧，而海外美元指数超预期的单边大幅走弱，流动性漫灌新兴市场，在内外流动性强烈反差的共振作用下，形成了大盘蓝筹估值提升而中小创估值收缩的局面，有点类似于气象学中的夏季对流雨的情况。

经历一年的估值体系分化，白马蓝筹估值水平已普遍超越海外同行业的估值水平，估值修复行情告一段落。纵比来看，目前白马蓝筹 PE（TTM）估值位于 2007 以来的中位数略偏上的位置，而中小盘和创业板的估值则分别比中位数低了 12% 和 25% 左右。另外，从经济周期和金融周期的角度来看，当前时点是高利率环境下短久期防御策略占优的时点，倘若回归到中性利率环境中，把估值比较维度后推一年（明年的动态估值比较），那么业绩增速占优的新兴成长行业是有大概率优势的。

在中小创的春天真正到来之前，我们还需提防两点"倒春寒"的风险点。其一，过往经历几年并购重组，业绩对赌到期后存在业绩变脸、商誉减值的风险。2017—2018 年是业绩对赌到期的集中年限，从过去两年的实际经验来看，业绩对赌到期后第 4 年业绩出现下滑的比例超过 2/3，因此对于 2014 年之后做过较多收购兼并的中小创而言是个共通的风险点。

其二，可能发生的美联储加息过快过猛，推延国内长端利率下行的时点。国内长端利率下行有几项前提条件：（1）国内经济增长出现显著放缓迹象；（2）国内无全局性通胀风险；（3）美国 10 年期国债上行幅度有限，在 3% 左右关口稳定而非进一步上行。按照当前时点的宏观判断，国内经济增速稳步下台阶，2018 年下半年可能下行压力较大；受益于猪价下行周期，2018年通胀风险不大；美联储的政策是最大的不确定性，如果美联储加息过快过高，会通过汇率影响，对国内长端收益率产生显著的影响，届时国内利率下行将遭遇诸多限制。

胜利的天平已从白马蓝筹逐步转向平衡，在可期的未来将向中小创进一步倾斜，中小创的春天越来越近了。乍暖还寒时候，依然需要重视"防寒保暖"，风险控制仍是重中之重。当前时点，我们要以积极的心态看待产业发展趋势，用扎实稳健的基本面研究来迎接新兴成长行业的春暖花开。

富国基金／曹文俊

探求科技行业投资秘籍

投资大家查理·芒格曾经说过，他出行坐民航客机的时候，喜欢坐经济舱，因为这是他"了解美国人生活的重要途径"。美国公募基金泰斗彼得·林奇也说过，他喜欢在生活中寻找买入标的。

一个好的投资机会不可能凭空产生，必然由生活中的点点滴滴累积。以温柔之心，感知市场的细微变化；投资就是生活观察，观察社会发展、环境变迁、人们的生活习惯改变所带来的投资机会。

从事投资研究工作以来，我更多地专注在科技与互联网行业。由于近年来的结构性行情，我经常被问道，如果市场大形势并不是成长风格，要怎么做科技与互联网领域的投资？事实上，在我看来，投资更关注去赚企业盈利增长的钱，而不是贪恋跟随市场风险偏好或者情绪左右而来的估值扩张的利润。

如何做科技行业的投资？

对于科技行业的投资，可以遵循这样一个投资逻辑。

首先，观察和掌握全球科技行业发展趋势。行业爆发带来行业内相关公司的盈利增长，使得我们可以赚到行业趋势和企业赢利的钱。而在行业趋势持续发展和公司营运没有改变之前，应当坚定持有。

其次，重点研究行业龙头公司的业务发展。例如：FANG（脸书、亚马逊、网飞、谷歌）、BAT（百度、阿里巴巴、腾讯）带动互联网行业发展，苹果带动电子行业未来趋势，特斯拉引领新能源汽车行业。行业龙头的布局至关重要，应当对细分行业的龙头进行深耕细作地研究。业绩增速超过 30%、PEG 合理的公司值得关注。经过多次的实地调研以及与上市公司管理层沟通后，最终确定投资标的并坚定买入。

科技行业龙头配置价值逐步显现

近期，由于中美贸易摩擦、资金面紧张等多种因素，A 股市场调整剧烈。然而，可以看到，历经两年的下跌，目前 A 股 TMT 板块估值整体走低，年报公司业绩呈现增速，机构持仓比例下降到低位值，科技行业股票龙头配置价值正在初步显现。

投资是一件反人性的事情。行情总是在绝望中诞生，这个是永远不变的。目前市场上的负面因素，基本边际上是好转的，逐渐被市场所消化；估值也是处于比较低的位置点。市场的低点会在哪儿、盘整需要多长时间，是不确定的；但是对于投资业绩增速非常高且目前估值比较合理的公司，应当是比较好的投资时间点。

看好四大产业发展趋势

在科技发展的驱动下，消费电子行业、汽车行业、网络流量持续增长、人工智能在各行业应用落地的投资机会值得关注。

首先是消费电子行业。消费电子进入"AI + AR"时代，在硬件层面体现在电子和通信行业，在软件层面则体现在互联网和计算机行业。5G的发展也进一步推动了手机行业新一轮的更新迭代，新的产业周期或将在两三年内开启。

其次是汽车行业。新能源汽车和自动驾驶的长期趋势带来汽车电子化的比例提高，行业看好汽车电子部件增加，其中包含电子控制器、摄像头、传感器、电子仪表板、中控屏等。

再次则是网络流量持续增长带来的投资机会。网络流量的持续高增长将带来相关通讯厂商的投资机会，未来5G网络、物联网的建设也将带动通讯厂商的业绩爆发。

最后是人工智能在各行业应用落地。人工智能行业处于发展的初期，未来人工智能将在各个行业落地应用，行业发展智能化带来效率的提升、公司收益的增加，也带来相关行业的应用投资机会。

展望未来，目前估值横向和纵向均在相对低位，A股正在向国际化发展，预计科技行业领域的股票投资价值将进一步受到关注。

宝盈基金／张仲维

A股底部或已现，优质赛道实现超车

股票市场的大幅调整让部分投资者感到恐慌。去杠杆叠加贸易摩擦，投资者对于经济下行的忧虑不断加深，市场弥漫着悲观的情绪。希望能够通过以下几个方面分享一下我个人的观点与思考。

机会篇
——论道 A 股

就目前的 A 股市场环境而言，企业盈利不差、估值偏低，几乎是共识，但在过去一个月市场的调整中，投资者对这些好的因素选择"视而不见"。回顾几次市场低迷的情况，企业盈利维持高位但市场却下行的阶段，无一不是流动性发生了剧烈的恶化，导致市场提前反映了盈利见顶的预期。

纵观 A 股历史，市场的阶段性底部大多源于政策收紧，如 2013 年控制影子银行风险，金融监管不断加强；2016 年美国加息后市场担忧人民币贬值风险，而此时熔断机制出现又放大了市场的悲观情绪。

目前，阶段市场的底部特征已经出现：第一，调整幅度大，距离市场高点跌幅接近 50%，在时间上距离上一轮牛市 3～4 年；第二，行业估值已经处在历史低点，市场交易寡淡，情绪低迷；第三，压制市场的情况出现变化，目前在去杠杆的节奏和货币政策上已经出现了边际变化。因此，我们有理由判断市场或已经进入底部区域。

首先，在符合时代发展方向的板块和行业中才能选出业绩持续增长的优秀股票。展望未来，经济发展预计将走向科技创新和服务消费，A 股中的优质标的也有望在这两个方向中诞生。

其次，从中长期来看，优秀股票的表现更多地取决于公司的品质和业绩，在长期业绩的增长面前，估值的波动要小得多。对过去 3 个 10 年的研究可以发现，每个 10 年表现最优秀的股票都有很大的变化，而行业和公司品质是保证长期持续增长的根本。广阔的空间、相对稳定的行业属性更容易提供持续增长的土壤，在过去 20 年中贡献了最多的优质标的。

在这个经济往新动能转型的时间窗口，我认为新产业培育和传统产业改造应当是投资应该关注的主要方向。具体而言，以生物技术、医药、教育等为代表的结构化消费升级领域，在未来长时间内将拥有稳定的现金流和ROE，行业护城河较高。以半导体、新材料、新能源为代表的新兴高端制造产业，进口替代空间大，行业增长具有较大的潜力。而以大数据、云计算、人工智能为代表的智能信息产业，未来势必将对目前的传统产业进行全面深度的信息化改造。

未来，我们将坚持以产业研究为基础的基本面分析，在好赛道中寻找优质企业，并长期持有，以此分享新时代产业发展升级的红利。"精诚所至，金石为开"，我将继续贯彻知行合一的投资哲学，在公募基金的平台为客户和持有人持续创造价值。

凯石基金／刘晋晋

股票长期投资业绩靠什么

每一个进入股市的人，都会想到这样一个问题：股票市场长期整体收益从哪里来，也就是股市通过什么赚钱？研究表明，股票长期投资业绩的决定因素是：国家经济增速、股市估值水平、投资者投资期限。

第一个因素是国家经济增速。长期来看，股市是实体经济的晴雨表，股票收益终究会和经济增速匹配。通过对中、美、日、韩、印、英、法、德等国家股票市场的分析，我们发现市场长期回报确实和名义GDP增速高度相关，GDP增速越快，股市回报越大。A股市场在平滑估值变化的影响后，股市收益与名义GDP的走势也很贴近。当然，股市相对GDP增速还有一个溢价，溢价大小与科技发展水平、制度建设、风险偏好等因素相关。总的来说，新兴市场的长期股市收益比发达市场要高。

第二个因素是估值水平。长期看，估值水平存在一定的均值回复特征，就是说在低估值时买入持有可以获得更高长期回报。简单来说，好东西也要买在好价格上。

第三，投资期限放长可以避免短期扰动，减少市场噪音的影响。复利发挥作用需要时间。持有时间越长，投资性价比越高，长期复利的威力越大。统计A股数据发现，当投资周期超过两年后，收益的波动率会明显下降，而且投资胜率也从平均55%提高到70%以上。因此做投资应该拉长投资周期，减小换手率。

那这三个因素对应在中国目前的市场是个什么情况呢？

中国经过40年的发展，现在已经成为世界第二大经济体，GDP增速在全球主要经济体中排名第一。A股整体上市企业营收同比稳定增长，ROE也保持在12%以上的水平。尤为可喜的是，企业在研发上的投入也逐年提升，更重视可持续发展。

中国人均GDP目前已突破8 000美元。一般而言，当人均GDP处于8 000~10 000美元的区间时，经济增长会出现转轨。表现为，GDP绝对增速下降但更重视发展的质量，重心转向第三产业，更重视科技对生产率和经济增速的贡献。中国在转轨过程中，同样会面对挑战，社会主要矛盾也会发生转换。但无论内外部环境如何变化，中国仍然会坚定不移地推动改革开放。

在这个重要的历史时刻，政府布局了雄安新区规划、大湾区建设、金融市场改革以及鼓励新经济发展等一系列战略举措，同时，也在积极推进脱贫攻坚、控制贫富差距、生态发展等重大举措。

巴菲特说过，没有超级富豪是通过做空自己的祖国获得成功的。坚信中国发展的未来，是A股股票投资未来长期收益的保证。

从估值角度来看，中国股市估值横向和纵向比目前都处在低位，整体 A 股 14 倍左右的估值，低于 18 倍的历史平均水平，每股盈利是近 10 年来的最高水平；从国际上来看，美股估值已经超过 20 倍，中国股市的估值具有较大的吸引力，未来可以获取经济发展和估值修复的双份收益。经济发展可持续，企业盈利改善，改革红利持续释放，估值合理又有竞争力，这些也是外资投资 A 股市场的核心逻辑。

说到投资期限，这和市场生态、投资者结构及投资者行为有关。A 股市场目前还是以散户为主，换手率高，股票收益分布比较离散，散户贡献了 80% 的交易量，远高于美国等发达市场的水平。未来随着自身制度建设、长期资金的进场、国际化程度的提高，A 股的生态系统会发生改变，会越来越机构化，波动率和换手率都会下降。而这其中，A 股纳入 MSCI 指数是中国股市走向国际化非常重要的一步，具有里程碑意义。参考其他市场经验，在纳入 MSCI 指数后，市场机构化程度会更高，由此，投资者应更前瞻性地看待投资，从更高的格局上进行资金配置。

展望未来，中国经济的可持续发展为 A 股提供了强大动力，A 股目前的估值无论从横向还是纵向来说，均在相对低位，A 股未来将向机构化和价值投资方向发展，而这几点也正是 MSCI 中国 A 股国际通 ETF 的投资价值。

MSCI 是国际知名的指数及风险分析服务提供商。从 1969 年推出第一只股票指数产品发展至今，MSCI 旗下的系列指数被投资界专业人士和学术人员广泛参考和使用，MSCI 在全球超过 80 个国家服务超过 7 500 家机构客户，全球有近 14 万亿美元以 MSCI 指数为基准，全球前 100 家资产管理人中，99 个都是 MSCI 的客户。MSCI 指数是名副其实的世界投资风向标，并对全球资产配置起重要的引导作用。一旦被纳入，就体现了国际市场对该国的认可。

MSCI 自宣布纳入 A 股以来，外资持续布局 A 股，2018 年以来北向流入资金已经超过1 300亿元，其中4月流入了380亿元，5月流入508亿元。尽管2018年以来面临内部和外部的挑战，但全球资金对中国的配置热情不减，且都在加大配置力度。外资在A股整体占比已经从1年前的1.6%提升到了大约2.1%。目前A股外资占比仍然很低，伴随MSCI纳入A股的逐步推进，未来预计会有更多的海外资金配置A股，未来A股的投资价值也将会越来越明显。

易方达基金／范　冰

机会大于风险，长期看好医药板块

2018年是公募基金行业发展的第20年。近20年来，行业的法规监管体系不断完善，产品线不断丰富，投资者数量持续增长。截至目前，行业管理规模突破了12万亿元，为数以亿计的投资者提供普惠金融服务，创造投资回报。身为公募基金行业的一员，在深感自豪与欣慰的同时，更体会到了自身的责任与使命。

回顾过往10年的从业经历，最为深刻的感悟来自基本面研究对于投资的重要意义。虽然从短期而言，流动性、情绪、趋势等对市场影响巨大，但从长期角度出发，决定投资成败的往往是企业的赢利能力和增长速度。同时，行业和个股的长期基本面也比短期趋势更容易进行预判和验证。

而基本面研究的核心是成长，无论价值型投资或是成长型投资，投资逻辑得到验证的基础都是业绩增长。为了厘清成长的确定性，需要投资人认清经济和产业趋势，在此基础上对公司的核心竞争优势、管理层能力、治理结构以及各项财务指标等进行分析。随着市场参与成分愈加复杂，对投资人的专业能力不断提出更高的要求，这也正是普通投资者将资金托付给专业资产管理机构的原因所在。

回首2018年上半年，A股市场又一次对投资者进行了考验。截至6月底，29个中信一级行业中，仅有3个行业取得正收益。投资者情绪也一路回落。值得欣慰的是，我所管理的大摩健康产业基金取得了较为可观的正收益，并在同类产品当中排名相对靠前，希望能为持有人增添一份信心。

当前在市场低迷之时，专业的投资机构更应当肩负起发现价值、投资长期的责任。虽然中美贸易摩擦加剧和去杠杆深化带来的经济下行压力，为短期投资带来不确定性，但从中长期来看，A股已经具备投资价值：展望未来3年，中国经济虽增速放缓但大致稳健，同时市场估值已处于历史底部区域，随着债务风险释放、改革的不断深化，市场对于中国增长预期的不确定性将大幅消除，叠加全球投资者对A股配置比例上升，未来市场机会大于风险。

从行业层面来看，由于目前外部宏观环境的不确定性，增长相对稳定的消费板块更容易受到资金青睐，而其中我最为看好医药行业的投资机会。这既是由于医药行业当前的投资"性价比"突出，也得益于从入行起多年的医药行业研究经验让我对这个产业有了更为深刻的认识。首先，近几年一系列改革政策直指要害、成效显著，行业整合加速，集中度提高；其次，医药板块整体的外部给付环境依然趋势性向好；最后是政策面催化为医药行业的发展创造了良好的外部条件。2017年行业经历招标降价，上市公司整体利润却同比快速增长，2018年降价因素解除，叠加医保放量红利体现，行业依然有望实现20%以上的利润增速，景气度持续向上。

在板块估值方面,2016 年以来医药跑输市场,和同属消费板块的家电、白酒等行业相比涨幅较小。截至目前,医药行业 2018 年市盈率约 30 倍,处于 2010 年以来行业估值的底部区间,板块安全边际较强。在业绩催化下,自然大概率成为偏好消费类投资者的首选。而从机构的配置比例方面来看,截至 2018 年 1 季度末,扣除医药基金后的医药股持仓比例为 8.26%,仍处于较低水平。因此,在景气度向上、估值较低、机构配置比例低的背景下,医药板块依然有上升空间。

展望未来,随着中国的资本市场愈发走向成熟,相信会有越来越多的投资者委托专业投资机构进行资产管理。而"资管新规"的出台更为以专业投研能力见长的公募基金行业带来了重要的发展机遇。身为行业中的一分子,我也将发挥自身的专业能力,一如既往地秉持研究驱动投资的理念,不断耕耘,以期不负投资者所托。最后,祝愿公募基金行业能够再接再厉,为更多的持有人创造价值,收获财富。

摩根士丹利华鑫基金 / 王大鹏

明晰 A 股投资的三大圈层

我理解未来 A 股市场的投资物是分圈层的。第一个圈层是以大消费龙头为核心的公司,这些公司不会超过 50 家,它们看似研究壁垒不高,但研究护城河很高,在未来相当长的一段时间内凭借稳定的现金流和 ROE,可拓展的产品边界能持续地进入投资者的视野。

第二个圈层就是新技术、新周期的公司,这类公司爆发力非常大,却往往逃不过估值到顶的命运。但也不能小看它们,其中的龙头公司通过不断的成长，可以跳到第一圈层。

第三个圈层就是剩下的那些公司，它们可能是"黑马"、有固定能力圈的玩家，但可能进不了机构投资者的可选项，投资的赔率大于胜率。因此我们将更多地专注在第一、第二圈层的投资上。

感谢我们的投资者，我知道你们一定希望我们的业绩是稳健的，但不是平庸的；一定希望我们是正收益，不要亏损，不管我们是不是公募基金。假设我们以未来 5 年、10 年的每年做到市场的前 1/3 为目标，尽管达到这一目标非常困难，近乎不可能，但我们一定会牢记去争取，我们希望成为业内优秀的资产管理人。作为资产管理人，我们必须感恩我们的持有人，这并不代表我们有超出常人的智慧和能力，有可能是因为比较幸运；如果能做上 10 年的基金经理，说明我们对股市还有那么一些理解能力；如果能做得更久，而且还能保持前 1/3 的目标，才有可能被称为真正合格的管理人。我们正在努力！

目前沪指跌破 3 000 点关口，面对基金持有人的恐惧和困惑，让我不由自主地联想到 1973 年，也就是上一次石油危机的时候，道琼斯指数从 1 月的 1 067 点，一路下跌到 1974 年的 570 点，中间完全没有反弹，投资者惶恐失措、骂声连连。也就是在那一年，巴菲特开始写《致股东的一封信》，与投资者一同探讨企业运营、投资理念和市场心理，深入浅出且妙趣横生的内容使读者能够从中领略到一个崭新的投资世界。我不知道当年有多少人真的因为看了巴菲特的信函而获得如今的无限成功，但我坚信很多人从中获得了心理的救赎。无论市场处于牛市或熊市，作为专业的资产管理人，必须与投资者保持沟通，继而相互信任、理解和共鸣。

财通基金／谈洁颖

机会篇
——论道 A 股

A 股市场的藏獒投资理论

2018 年是中国公募基金业发展的第 20 年，回顾自己 2007 年进入基金行业，到今天也 10 年有余了。面对中国资本市场不断发展的今天，我在 10 年基金从业中经历了两个市场牛熊振荡周期，经历了股票市场的纷繁曲折和考验，这些经历让我作为一名基金经理深深知道自己的责任重大，要经受住市场的长期考验，更要为基金投资者获取资本市场长期稳定的投资收益，才能无愧于这个时代基金投资者的重托。

20 年基金业在不断践行受托理财，为投资者创造收益，也同样任重道远。作为一名基金经理，我同样在思考，如何做一个合格的长期投资管理人，需要建立什么样的投资理念，采用什么的投资策略，为投资者提供什么样的产品，获取什么样的收益，以及系统性风险来临时，该如何应对化解投资风险。投资大师巴菲特所践行的是用长期投资策略来熨平市场短期的振荡风险，挖掘并长期持有伟大的公司，获取长期的投资收益。而索罗斯的成功要诀是积极地管理风险，需要时时刻刻对市场进行密切关注且在有必要改变策略时，冷静而迅速地行动，或者采用精算管理风险方式化解或减少风险所带来的损失。显然，在中国资本市场中，基金经理所能体会和学习的地方，就是挖掘价值和成长投资中的风险控制方法和理念，但这是需要经过市场的历练之后才能深深体会的。对于一名合格的基金经理来说，一定要建立自己的投资逻辑和理念，在价值和成长均衡中寻找投资机会，获取市场的投资收益。

如何理解中国的股票市场投资呢？我们知道市场有时往往是非有效市场的，股价呈现随机游走的特性，那么一定存在着非理性繁荣的特征。市场参与者也很难定义价格和价值的匹配程度，往往是市场参与者的预期主导着市场及股价的行情走向，这在过去2015年的市场震荡中体现得淋漓尽致。中国股票市场的投资行为决定了市场的波动特征，反过来也强化了投资者行为的学习曲线，这就需要市场参与者一方面要找寻在各行业中稳定增长的利基公司（彼得·林奇的利基策略），另一方面也要找寻持续快速成长的行业赛道中优秀的公司（没有天花板的赛道），以适应中国特色股票市场的投资场景。在价值和成长的均衡投资中，价值投资显然是一个长期投资的过程，稳定增长、估值合理、股息率较高均是价值投资主要的衡量指标。而成长投资却是一个不同的逻辑，就是要综合看公司所处的行业赛道，行业地位、成长空间，甚至管理人团队的能力等，长期跟踪不断研究，这更是一个复杂的选股过程，二级市场的成长投资更似一级市场的PE投资。所谓价值投资看红海，成长投资看蓝海，就是这个道理，行业赛道和行业天花板是一个公司能否成为伟大公司的重要因素。从A股市场的数据上看，显然从竞争性较强的红海中走出来的公司是10倍成长股票的摇篮，这些10倍高收益的股票大多来自科技创新、日常消费及消费升级的行业赛道。所以，在我看来，成长投资更看中的是公司行业的天花板，而不是短期的业绩和估值，我们宁愿选择小而丑的藏獒，而不是小而美的泰迪，也就是说3年以后藏獒和泰迪哪个更具成长性，答案自明，且是可以预期的（这就是我自己总结的藏獒成长投资理论）。

中国股票市场受政策性的影响非常强，市场参与者大多宁愿做右侧交易也不愿意做左侧交易，羊群效应明显，一旦出现风吹草动，市场就显得极为脆弱，这就需要在长期投资和短期交易中做出选择。有时候择时似乎比选股更有效，但择时选择是一个不确定和难把握的，止盈或止损更是一个需要战胜贪婪与恐惧的非理性行为。所以A股市场投资更具

机会篇
——论道 A 股

挑战性和困难性。市场参与者纷繁复杂，行为多样，甚至多数时候近似于零和博弈，有时候会背离股票市场投资的价值逻辑和收益本源，且风险和收益并不匹配。也许只有长期资金和长期投资方能熨平中短期的市场波动，机构投资者一定要成为长期投资人和长期投资行为的主体力量，市场才会形成大家认同的投资理念和投资价值。

股票投资本身就是自我不断学习的过程，本人作为基金经理也时时刻刻检讨自己，不断修正自己的投资逻辑，形成稳定的风格特征，以赢得基金投资者的信任和理解。在此也深深感谢基金投资者的信任，我一定不负投资者的重托，努力为投资者创造投资价值。我认为未来10年是股票投资的黄金时期，有望出现更多为投资者带来巨额财富的伟大的上市公司。为了赢得未来的美好生活，我们不能错过这个时代的股票市场，而且要更加紧紧拥抱这个市场。我认为中国股票市场在强监管下正日益建立新的市场秩序，这也为市场的发展繁荣奠定了基石。我相信中国股票市场将伴随着中国经济的发展而不断壮大。随着监管及上市制度的日益完善，以新经济为代表的上市公司不断地改变着市场的组织结构，代表中国经济发展的股票市场值得期待。

我看好代表中国经济发展的行业龙头公司，这些公司是中国经济及市场发展的基石和核心资产，是长期配置的首选；接下来，是代表着新经济、新方向及国家政策鼓励扶持的新兴行业和新技术公司，这些行业及公司一方面弥补了中国技术发展的短板，另一方面也代表着新技术发展的大方向。在具体主题及行业上，大消费、装备制造、现代服务业、新一代信息技术仍是配置的主流方向。因此，我们必须重视和配置科技创新和消费服务，方能赢得超越市场的投资收益。

长盛基金／赵宏宇

乐观看市，锚定真成长

总体来说，2018年的A股市场仍旧是一个存量资金的市场，因此从指数上而言，仍是缓慢爬升的态势，绝对收益的空间不大，但把握结构和精选个股的超额收益会比较明显。

首先，我们对2018年上市公司的赢利能力不必悲观。

从宏观经济方面来说，经历了2016—2017年连续两年的经济回暖，2018年经济增速有温和的小幅下滑，但由于"供给侧改革"初见成效，企业的赢利能力不用过于悲观，仍会好于经济增长而有较高的增速。从2017年下半年开始，央行逐渐开始收紧了货币政策，民间借贷成本有所上升，在这样的背景下，以PPP（政府和社会资本合作）为代表的基建投入在2018年将会有一定的放缓，预计这将带动GDP增速从2017年的6.8%左右回落至2018年的6.7%。

但与此同时，我们看到民间投资开始逐渐回暖，由于过剩产能在过去两年的持续去化，企业的ROE等盈利性指标出现了显著的修复，这点是强于经济恢复水平的，因此尽管宏观经济小幅回落，但我们对2018年上市公司的赢利能力并不悲观，ROE仍将维持较高的水平。

其次，资本市场的流动性在2018年略有好转。

一方面，伴随2018年加入MSCI指数，海外资金已经开始提前布局A股。从国际估值的横向对比中我们发现，国内的上市公司里金融类、消费类的龙头个股无论在市值上还是PE估值水平上，都较海外的龙头公司有明显的低估，这意味着外资流入在2018年仍将持续。另一方面，A股市场的机构化在逐渐发生，从2017年第3季度开始，公募基金的发行情况正在回暖，2017年公募基金整体收益率在12%左右，而大多数个股甚至是负收益，这种显著的差异将加大2018年资金对机构化产品的青睐，因此预计2018年的选股风格仍将更加注重基本面业绩增长，而非主题性的炒作。

最后，在看好的行业方向上，我们认为消费升级、新兴制造是2018年应当被关注的两条主线。

一方面，过去两年企业盈利的好转开始带动居民收入的逐渐提高，同时房价的上涨增加了居民的财富效应，预计未来消费在GDP当中的占比会持续提升。我们关注例如食品饮料等龙头集中度提升的优秀公司，同时也关注类似医药中创新药等有科技创新性的成长性行业。另一方面，具备中国优势的新兴制造业将会是未来2~3年政策扶持的主要方向，结合工信部重点支持的名单，以及国内外技术方面的对比，我们相对看好新能源汽车、半导体产业链等细分行业内优质的龙头公司。

华泰柏瑞基金／方伦煜

股市是集体智慧的结晶

2018年是公募基金行业发展的第20年，同时也是美国次贷危机10周年。在中美G2（两国集团）言论甚嚣尘上的今日，人们惊讶地发现中美股市10年来的历程却是大相径庭。事实上，中国这些年的发展成就有目共睹，那么股市到底是不是反映国民经济的晴雨表呢？

股市更像一种集体智能

我认为股市可能反映了一部分经济情况，但也只是一部分。股市更像一种集体智能，也可以说是群体智慧。集体智能的定义是：单一个体所做出的决策往往会比起多数个体决策来得不精准，集体智能是一种共享的或者群体的智能，以及集结众人的意见进而转化为决策的一种过程。它是从许多个体的合作与竞争中涌现出来的，并以多种形式的协商一致的决策模式出现，结果可能对也可能错。以近期关注较多的中美贸易摩擦为例，A股的调整可能是因为投资者们认为未来中国在贸易摩擦中受损较大。

机遇或以局部性体现为主

未来是不确定的，人们渴望预知未来，应对不确定。股市集合了人们的智慧，通过交易形成价格，预测未来和应对风险，股市非常多元而且具有包容性，各种理念的投资者都可以在这里找到适合自己的赚钱方式。

我在公募基金行业15年，任职基金经理6年有余，一直期望能够在纷繁复杂的股市起伏中拨云见日，为持有人寻求绝对收益之法。站在这个时点上看，二级市场的机会很多，但最终可能只在局部有所体现。近几年经济领域的重大变化是供给侧改革，集中度提高带来的结果是各个行业中的龙头公司将享受更高的估值溢价。未来在与百姓生活衣食住行息息相关的多个领域，可能会因为相关政策的出台带来市场格局的进一步重塑，也必将带来巨大的投资机遇。

A股的整体低迷反映了这些年市场的发展出现了一些问题，但是有句话大家耳熟能详：改革是由问题倒逼而产生，又在不断解决问题中而深化。

泰信基金／董山青

机会篇
——论道 A 股

做定投前需要解决 3 个问题

从 2015 年的高点到现在，投资者恍若经历了一世的沧桑。身边不少人都是股市的常驻民，快乐、愤怒、悲哀、恐惧，这 4 种基本情绪中，灰色的情绪占了 3 席。也就是从 2015 年调整了一拨后开始，存在这样一些声音：下跌就是买入时间、越跌越买、没多少下跌空间了等。听起来多有道理，但很多时候，他们不是说给别人听的，而是安慰自己，于是 3 年间就在这样的将信将疑中度过，而你又收获了多少？

有没有想过，其实你只是把简单的事情想复杂了。我们完全不必因为市场的跌宕起伏而失去对生活的掌控力，应该把精力放在其他美好的事物上。而实现上述愿望的途径，一定程度上可以通过基金定投来实现：通过设定好投资时间、投资金额、投资标的，借助大数据附加一定的止盈止损条件，轻松屏蔽行情波动的干扰，无须担心财经"冬天"，尽情去享受生活，烦恼的事情只需交给基金经理。

那么定投的终极哲学问题来了：我能买什么？我该在什么时候买？我该在什么时候卖？

首先，我能买什么？

可以考虑指数基金或指数增强基金。

如果你没有信心能够选出市场上最好的前 20% 或者 30% 的主动型管理基金，那么你可以考虑选择一只指数基金或指数增强基金。

原因如下：第一，指数基金被动跟踪标的指数，管理费用低，并且较少受基金经理投资水平限制，业绩表现相对稳定；第二，某只股票或某个行业，都有可能长期衰退下去，但是指数不会，指数会根据市场变化进行定期调整。而指数增强基金则是在对标的指数进行有效跟踪的基础上，通过精选个股获取一部分的超额收益，如果你选对了指数又选中了增强指数，那就是锦上添花了。

其次，我该在什么时候买？

当市场的筑底信号不明显，或者认为下跌空间有限时，我们可以利用定投来实现逐步建仓，这样能够大概率把成本控制在合理区间。从定投逻辑来看，定投的可参考黄金起点是在上一轮牛市的最高点下跌1/3之后的位置。

最后，我要什么时候卖？

传统的定投一直是提倡投资者长期定投并持有，这种投资理念本身是没有问题的，但实际操作中由于影响因素过多，实际表现可能并不理想，在震荡行情下，投资者发现自己定投的基金并没有赚钱或者赚得很少。所以智能定投应运而生：在定投过程中设置好合理的止盈率和赎回的触发条件，将会在一定程度上优化定投的收益。

以定投沪深300指数为例，当定投账户资产收益率达到10%后，可以开始考虑止盈。但并不是立即赎回，而是等待净值出现一定程度的回撤，比如找到过去30天的最高净值，如果后续基金表现相对最高净值回撤幅度超过10%，可以考虑对之前定投的全部份额进行赎回，下一期定投继续。这么做的原因，是一旦市场反转，我们能在一定程度上提前止盈，如果市场继续上涨，也不至于踏空。算下来，如此定投的累计收益预估是传统方式的5倍。

我们预计，未来市场更多的还是结构性行情，机构投资者的优势会越来越明显，那么基金定投可能会是个人投资者的一个相对更好的投资选择。作为基金经理，唯愿尽己所能，在全市场环境中力争为客户创造超额回报，对投资者负责，为公募行业贡献一份力量！

国金基金／宫　雪

放眼海外

跨境资本流动对港股审美的影响

过去的5年中，中国二级市场不断开放，资本走进来和走出去的规模体量日益提升。我在沪、港、深3个市场的长期投资实践中，深切地感受到这种双向大规模的资本流动，正在快速而剧烈地改变着A股和港股的风格和审美，是在目前两地市场做好投资业绩不可忽视的变量。在此，我希望分享在港股这个较为复杂的市场体系中，内地投资者带来的影响。

在从内地走出去的方向上，早在2008年金融危机以前，监管机构就推出QDII机制，以审批制和额度管理的形式，尝试放开境内对境外的资本项下二级市场投资。QDII业务开展盛极一时，趁着金融危机以前的二级市场的向上趋势，和境外业务给零售客户带来的神秘感，2007年前后最初的几只QDII基金达到了惊人的首发募集规模。但随着金融危机的发生，境外投资受挫严重，业务开展艰难，零售客户始终对QDII跨境投资意兴阑珊。

而后沪港深互联互通机制在2014年横空出世，期初是沪港通，后续是深港通。沪港深互联互通机制的业务发展节奏和QDII截然不同，起初并没有受到投资者的追捧。由于当时A股处于中小创风格时期，港股估值便宜但趋势不明确，不如A股中小创带来的短期快速上涨有吸引力。港股通在初期的额度使用上增长缓慢。在2015—2016年3次A股大幅下调后，港股通开始展现出它的吸引力，2016年和2017年，港股通额度使用逐步加速。目前港股通已经是港股投资者结构中重要的一环，南向港股通总额度累计达到1.1万亿元，其中沪港通超过8 000亿元，深港通超过2 000亿元，港股通的成交占比也达到了全市场成交量的10%左右，这只是港股通开通4年的成果。而本身港股市场约有两成的成交金额来自注册在内地的投资者，结合大量注册在中国香港和国外的大陆投资者，我估计来自内地的投资者已经占到港股成交金额的接近半壁江山，虽然由于换手率较高，投资规模显著比外资低，但在定价的话语权上，内地投资者正在迅速提升。

内地投资者随着QDII和港股通的业务扩大，对市场的影响力与日俱增，对市场审美和风格也造成了巨大影响。

首先，港股整体估值得到提升。港股历史上估值偏低，一个主要的原因是港股的上市公司以内地企业为主，而投资者以境外投资者为主，两者存在显著的信息不对称性，而上市公司需要以更低的估值来弥补和投资者的信息不对称，这也是离岸市场的特点。随着内地投资者的进

机会篇
——放眼海外

入，他们本身就是境内投资者，不存在和内地企业的因为地域而导致的信息不对称，港股的估值得以抬升。另一个原因是，AH股差价始终存在，以前的AH股只是上市公司类似，投资者不一样，资金不流通，更不能在一边买然后在另一边卖去套利；现在除了上市公司类似，投资者在逐渐融合，资金也可以相互流通，只剩不能套利。所以AH股差价的收窄也带来了港股估值的提升。

其次，中小型市值个股的价值更好的被发掘。以前由于境外投资者对中小企业的流动性不满意，信息不对称性更大，所以中小企业特别是民营的中小企业在港股具有显著的折价。随着内地投资者特别是港股通大行其道之后，民营的中小企业普遍得到了深入的发掘和研究，估值也大幅提升到接近全球平均的水平。比如民营教育行业、物业管理行业等以往在港股估值很低的行业，在内地投资者的大力发掘下，成为一定时期内显著的阿尔法。

再次，两地个股的联动显著。以前由于语言不通、资金来源不同等因素，AH股的投资者几乎完全是不同的两类群体，而现在由于投资者的相互融合，AH股同行业的公司在同一交易日内基本上是同涨同跌的，即使可能并没有明确的基本面因素支持。这一点体现出的是AH股正在逐步变成统一的市场，这里的统一指的不光是制度和运作，而且还有贝塔。

最后，对银行、科技、消费和公用事业等行业的发掘更为深入。内地市场缺乏的行业，或者同样的行业但公司质量或者估值水平港股占显著优势的行业，内地投资者对其影响尤甚。比如银行，因为港股通开放后较长时间内，港股系统性的比A股便宜两成左右，于是在2016年后吸引了大量的内地投资者，也在某种程度上改变了内地银行在港股脆弱的估值体系。又比如科技和消费，由于港股在科技和消费领域的上市公司较 A 股占显著优势，明星企业较多在港股上市，所以也吸引了大量的内地投资者。再比如公用事业行业，近期开始受到内地投资者的重视，因为在 A 股市场并不存在具有像港股公用事业行业中一些标的特点的公司：收入端和现金流是真正的公用事业，基本不受国家政策短期变动干扰；收入结构分散，人民币收入占比低于 20%；长期维持较高的分红派息比例；具有几十年的资产组合良好管理运营记录等。这样的例子有很多，相信未来会发掘出更多。

事实上，A 股也在 QFII、RQFII（人民币合格境外机构投资者）、沪港通和深股通的影响下，风格和审美改变巨大。比如对长期价值投资的重视与日俱增，又比如对大市值蓝筹、白马的估值提升，再比如对部分行业的重新认识，像机场、家电、水电等。在此不展开讨论。

中国投资者走出去和中国资本市场开放是历史的大趋势，短期虽然有各种超速或者挫折的情况，但不改变中国投资者和资本市场逐步融入世界投资者和全球资本市场的进程。其中带来的审美改变，是一个显著发生，后续还将继续加强的话题。

广发基金 / 余　昊

美股宽幅震荡，优选中性策略

时光匆匆，转眼已是 2018 年的 5 月。股市从 2018 年年初的牛气冲天全球普涨，到 1 月底 2 月初的"闪崩"，再到接下来的"深 V"反弹，如过山车般的行情让大家认识到全球主要股指过去一年来的单边上涨、低波动性的行情很可能告一段落了，2018 年注定会是不平凡的一年。

机会篇
——放眼海外

就2018年中国香港股市和美国股市的投资机会而言，总体上讲，我们认为港股比美股更具吸引力，港股相对较低的估值会在调整期提供安全垫。与此同时，2018年美股顶部受限于高估值水平，底部则有基本面和流动性的支撑，很可能维持宽幅震荡行情，波动性会显著高于2017年，因而我们看好美股的市场中性策略。

先看美股市场，从宏观经济上看，2017年以来，全球经济走出了协同向好的态势。美国、中国、日本和欧洲等主要经济体在2017年的表现以超出年初的预期为主。进入2018年以后，美国经济形势依然良好。2017年年底通过的税制改革给经济带来了乐观情绪，2018年上半年公布的美国小企业的乐观指数和消费者信心指数都达到了近年来的高位。就业市场健康，失业率下降到了3.9%的历史低位。2018年上半年全球其他主要经济体的走势相对于去年略有放缓，但是短期内不会给美国经济带来不利影响。

回到美股的基本面。截至2018年5月下旬，美股2018年第1季度的季报已经接近尾声，结果堪称靓丽。已经给出季报的公司中，约七成公司的营收高于分析师预期，同时大约七成公司的每股利润高于预期。而标普500成份股2018年第1季度EPS同比增长超过28%，显著高于历史均值。根据权威数据供应商I/B/E/S提供的数据，美国上市公司2018年的每股利润相对于2017年预期增长超过20%，也是近年来增幅最大的一年。分析师多把2018年的高增长归于运行良好的宏观经济和税制改革带来的红利。

再来看看美国股市的资金充沛情况。大家知道，美联储于2017年10月开始收缩资产负债表，大概每个月从市场上吸收上百亿美元的流动性。同时美联储基准利率的加息进程稳步推进，在2018年有3次以上的加息，到2018年年底可能将基准利率推高到2%的水平。加息会收紧流动性，不过当前基准利率尚在 1.25% 左右的低水平，负面影响有限。说到流动性，就一定不能忘记近年来美国股票市场上的白衣骑士：企业回购。由于很多上市公司高管的薪酬是和股价直接相关的，而回购股票会推高股价，对于管理层的好处是显而易见的。得益于刚刚通过的税改和给予企业海外利润的"税收假日"，2018 年的企业回购形势一片红火。在过去的两个多月中，美国上市公司已经公布了超过 2 000 亿美元的回购计划，而摩根大通预期 2018 年全年公布的回购计划可能是创纪录的 8 420 亿美元。这些回购计划将会在 2018 年和未来两三年内为股市提供持续的流动性支持，足以抵消美联储缩表和升息的负面影响。

在美国的宏观经济中，公司基本面和流动性看上去都很健康，可为什么 2018 年的 1 月底 2 月初会出现"闪崩"呢？这就不得不说起美国股市的"阿喀琉斯之踵"：高企的估值。在 1 月底，标普 500 经过周期调整的 P/E 达到了 33 倍，与 1929 年和 2000 年股市大顶时接近。统计分析显示，在这种估值水平下买入美股并持有 10 年，总的收益接近于 0。也就是说，在此估值下股市作为一个整体不具有长期投资价值，因为各种利好都已经在股价中得到了充分的反映。高估值加上长期没有调整同时利率上行忧虑加剧，造成了 1 月底 2 月初股市刚出现回调就涌现了大量急于获利了结的卖盘，从而引发了"闪崩"。2 月份深度调整后美国主要股指虽然出现了大幅反弹，但是板块分化严重，截至 5 月上旬，只有科技板块创出了新高。3 月初，特朗普政府祭出了对于进口钢材和铝材的惩罚性关税，同时向中国施加压力，要求中国大幅降低对美贸易顺差并加强知识产权保护。美国的主要贸易伙伴都对这些贸易保护措施反应强烈，贸易摩擦的阴云密布，给股价带来了压力。虽然进入 5 月后中美贸易摩擦有缓和的迹象，但是美国又提出有可能对进口汽车开征 25% 的关税，各方博弈仍在进行中。综上所述，我们认为，在 2018 年余下的

机会篇
——放眼海外

时间里，美股很可能维持宽幅震荡的行情，不排除年内再次下探2月初低位的可能。在这样一个预期下，我们看好美股的市场中性策略。这种策略通过在做多一些看好的股票的同时做空一些不看好的股票，可以最大限度地规避市场大幅下跌的风险。

关于港股，目前港股中很多高市值的公司都是内地公司或者主营业务在国内的公司，同时港股的资金来源是以国际资本为主，这就造成了港股同时受内地经济走势和国际市场上风险偏好变化的影响。2016年以来，受国内外经济强于预期和国际市场协同向好的影响，港股走出了一波大牛市行情，仅2017年恒生指数的涨幅就超过了30%，2018年年初更是突破了2007年的历史高点。由于累积涨幅巨大和受国内外股市调整的影响，近期港股进入盘整阶段。

尽管短期港股波动可能会增加，但是中长期行情仍然偏乐观。首先，宏观经济层面向好。港股走势受国内经济和股市的影响巨大，内地供给侧改革持续推进、经济企稳筑底、上市公司盈利复苏超预期，为港股的持续向好提供了宏观经济层面的支持。

其次，港股上市公司的赢利能力持续改善，同时恒生指数的PE只有12倍左右，低于全球主要股指的估值。比较在内地和香港同时上市的公司的A股和H股股价，会发现平均来讲H股会比对应的A股便宜20%左右，再加上港股里面有腾讯、汇丰银行、碧桂园等A股中没有的优质投资标的，这对于在互联互通机制下的南下内地资金有很强的吸引力。

最后，在"互联互通"机制带动下，南下资金持续净流入港股市场，成交占比与持股占比逐年稳定上升，为港股提供了资金层面的支撑。截至2017年年底，"港股通"南下资金持有的港股规模已经超过了8 000亿港元，2018年的数据显示南下资金占日成交量的9%以上。可以说互联互通机制为港股带来了持续的资金支持。

国际形势风起云涌，投资市场机遇与挑战并存。投资者应该严守审慎的投资原则，趋利避害，在规避风险的同时寻找稳健的投资机会。

创金合信基金／董　梁

港股吸引力加剧，配置正当其时

2018年以来，全球市场出现剧烈波动。2月，美债利率突然上行，导致美股市场出现两年以来未遇的急剧回调，同时叠加国内A股市场的资管强行平仓，一时间市场不顾个股基本面，海外资金及国内南下资金快速撤出港股市场。进入第2季度后，市场依旧波动下行，中美贸易摩擦、预期经济下滑、信用违约风险上升等海内外风险事件持续给市场带来冲击，市场不断创出新低，成交量甚至逐渐回落至本轮牛市启动前的水平。

尽管2018年以来市场反复震荡，但回顾几轮牛熊交替，市场的长期机遇也在这个时候逐渐显现。站在当前时点，港股是否还有投资机会，需要从以下几个方面看。

首先，在盈利上，从中期业绩报告上看，大多数上市公司的业绩增长仍然是符合甚至是超预期的，这意味着上市公司的基本面并没有市场想得这么悲观。不论是周期还是成长，都有上市公司呈现出靓丽的业绩表现。我们认为在当前市场情绪脆弱的状态下，优质个股仍然能够带来很好的回报，这对于基金经理精选个股的能力有了更高的要求。

其次，在估值上，港股仍然处于历史相对低位，与全球其他主要市

机会篇
——放眼海外

场相比仍然是估值洼地。在经历2018年上半年市场的反复震荡后，已经有许多股票的估值水平回落到了2015年股灾后的水平，这些仍然具备成长性而估值相对便宜的公司，已经出现了较好的投资价值，风险收益比具有了很好的吸引力。

再次，我们还需要考虑资金面的因素。从港股过往的历史来看，由于港股市场最主要的参与者来自中国香港之外，资金流向对港股市场的影响尤为重要。目前影响港股市场资金流向的，一个是美元，一个是国内市场。如果美元持续走强，会带动全球资金回流美国，海外资金流出香港市场，而美元的强弱主要看欧洲经济的相对强弱。目前来看，欧洲经济仍然强劲，美元继续快速走强的趋势可能难以持续，2018年下半年海外资金回流美国的趋势也可能出现缓和。国内市场方面，随着国内市场逐步企稳，投资者悲观情绪逐渐修复，南下资金也将重新流入港股，给港股市场带来支撑。

展望后市，由于政策以及外围市场的不确定性仍未消除，预计一段时间内资金风险偏好仍然较低。我们认为当前市场可能过分悲观，在市场大跌之后，许多个股已经凸显投资价值。

我们尤其看好医药股的投资机会，甚至具备美国2010年开始及日本1990年开始的医药股爆发的特征，主要基于几点红利。第一，人口红利：中国当前人口老龄化在加速，预计2030年60岁以上人口将超过美国总人口，医疗消费日渐增长，为中国医药企业的长期发展提供了基础。第二，制度红利：过去两年以来国家医药产业利好政策频出，产业顶层制度搭建完毕，解除了医药产业发展过程中的政策制约，未来医保的用药结构将更加向全球发达国家靠拢。第三，资本红利：2018年港股市场有史以来第一次允许尚未赢利的生物科技企业上市，为具备创新能力的优秀医药公司提供了融资渠道，也给投资人带来了纷呈的医药投资机会。第四，技术红利：目前国内医药企业已由孕育期逐步迈入成熟期，部分优秀的国内医药企业研发实力已进入全球领先的行列，这个阶段是进行医药股投资的黄金阶段。

基于以上的判断，我认为医药板块可能是继国产手机产业链及自主品牌汽车过去几年爆发以来的另一个具备爆发力的板块。近期市场的回调给予了投资人一个很好的配置机会。我们希望凭借自身多年的投资经验，在经济转型的大时代背景下，坚定挖掘"中国核心资产"的方向，精选个股，为投资者回报更多更好的收益。

中融基金／付世伟

后 记

金融科技助力公募基金整装再出发

1998年3月,国泰基金和南方基金相继成立,从而宣告着中国公募基金正式启航。截至2018年6月,中国基金业已经历了整整20个年头。在这20年间,基金公司的数量从2家变为122家,在存基金数从2只增长到7 172只,管理规模更是从最初的40亿元增长至12万亿元,翻了3 000多倍(见图5)。这巨大的变化,见证了中国基金业这20年的跨越式发展。公募基金行业已然成为资本市场、中国金融体系不可或缺的重要组成部分。

在这20年间,无数的基金从业人员一直践行着在发展中开放、在扩大开放中发展的理念,在投资理念、投资方法、产品设计、制度健全等方面不断创新,为更好地服务大众做着不懈努力。

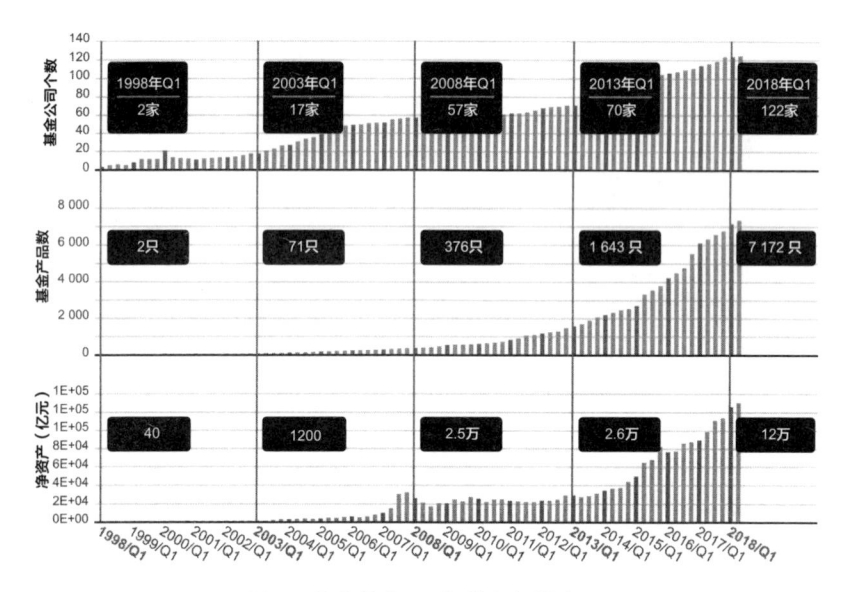

图5 公募基金20年基金规模变迁

从投资理念和方法论上看，从2003年"价值投资"理念首次在业内被提出，到2017年首批FOF上市，"资产配置"理念开始为大众所接受。基金经理们倡导的价值投资、关注长线回报、资产配置等理念正日益改变着大众的投资理财观念。

在产品设计上，从最初的封闭型基金到各种类型的开放式基金，从主动型基金到被动型基金，从国内市场的基金产品到QDII/QFII基金，丰富的各种类型的基金产品已经为持有人分红超过1.7万亿元，为超过两亿的中国老百姓提供了多种理财选择。从2002年接受社保基金委托，到2018年公募基金管理了社保基金委托管理份额的八成，并实现年化8.44%的业绩回报[1]，公募基金在社会责任投资上做出了典范，逐步成

---

[1] 资料来源：基金业20年再出发，刘士余指点强身健体路径，马婧妤，2018/10，上海证券报：http://news.cnstock.com/news, yw-201810-4287466.htm。

为普惠金融的重要载体。

在制度上,公募基金行业的跨越式发展并不是一蹴而就的。尽管公募基金行业没有发生刚兑和区域性金融风险,也没有发生系统性金融风险,但也曾遇到过各种危机。2000年"基金黑幕"的曝光,2008年的经济危机和老鼠仓案,均令整个公募基金行业陷入危机。不过,福祸相依,这些危机和问题的暴露也促使国家构建了以《基金法》为核心的法律规则体系和监管框架,促进了行业的规范发展和法制完善(见图6)。

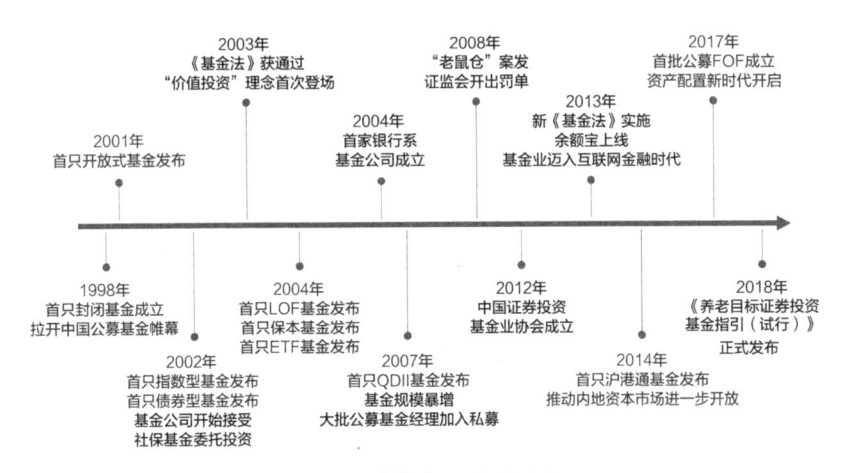

图 6 公募基金 20 年大事记

尽管目前公募基金行业已经取得了巨大而非凡的成就,但在居民财富持续积累的大环境下,在资本市场对外开放的进程中,中国的公募基金依旧面临巨大的发展机遇。

对标海外来看,美国的公募行业管理的资金总规模是中国的 10 倍,远大于当前中国公募基金的规模。在产品结构上,中国近几年的发展主要是以货币类产品为主,主动管理基金比例较低,尤其是权益类基金占比不到 20%,而美国的这个比例是中国的 2.5 倍。在销售机制上,中国 60% 左右的销售来自银行代销,而美国除了常见的直销、代销渠道以外，还有养老金的固定供款计划作为主要销售渠道。在2018年，国家《养老目标证券投资基金指引（试行）》正式发布，并推出养老目标基金，这有望引爆公募基金行业新一轮的发展高潮，整体规模和发展将再上新台阶。另外，伴随着金融科技的发展，美国的基金投资顾问服务更加健全和完善，而在这方面，中国的基金投资顾问队伍仍需要加强。

由此可见，中国的公募基金市场仍然年轻，未来仍有非常广阔的前景等待着我们去开创。而近几年随着金融科技不断助力金融市场，从"信息科技+金融"到"互联网+金融"，再到"智能金融"，金融服务的效率和质量不断提升，金融科技有望成为中国公募基金市场的一大助力。继2017年首批FOF成立和2018年《养老目标证券投资基金指引（试行）》的发布，我们认为金融科技可以在以下三个方面发力，以顺应公募基金市场的浪潮，为公募基金行业的各类投资者提供普惠金融服务（见图7）。

图7　金融界资产评测体系示意

第一，借力智能化的资产分析体系，辅助投资者去投资决策。随着金融互联网化的加剧，信息和渠道的不对称会被不断打破，未来互联网时代一定会放大优秀的基金产品、基金经理的价值。目前的基金市场上，已经拥有 7 000 多只基金，而且随着公募基金行业的发展，基金的数量将会进一步增加，投资者想要迅速准确地筛选出好的基金标的，并不是容易的事。

要解决"选基金"的问题，需要确定对基金本身有明确而深刻的认知，即要对资产进行深度的分析筛选。金融界智能金融研究中心为各类资产建立了资产评测体系，其中，在公募基金方面，我们采用定量+定性的方式，从基金产品、基金经理、基金公司 3 个维度建立了公募基金的评测体系，为投资者提供专业的选基服务。在该体系中，我们不仅对基金的各类基础数据进行统计分析，并自主开发出了包括衍生标签、特色标签和综合标签 3 类具有投资指导意义的标签体系。基于该智能标签体系，不仅能加强基金诊断和基金筛选等常规功能，而且借助于金融界智能回测平台，建立了多因子智能精选基金库和基金综合评价指标，建成了更为丰满的基金画像体系，从而可生成定制化的综合诊断分析报告。基于这些研究成果，金融界还推出了基于子女教育、父母养老、退休规划等场景化的灵犀定投系列产品①（见表 1），以响应国家对养老基金产品储备的号召，更好地服务投资者，为普惠金融献出自己的一份力量。

第二，用智能化的配置助力投资者建立专属资产配置。根据美国市场的经验，FOF 是所有用于养老投资的公募基金类型中，最受欢迎的工具。这是因为与其他类型基金相比，其利用大类资产配置来进一步分散风险，同时为投资者提供更为专业的选基服务。而目前在国内，尽管公募基金已经为投资者提供了丰富的可选产品，可以作为大类资产配置的

---

① 资料来源：灵犀定投介绍，https://8.jrj.com.cn/yqb/zn? tgqdcode = DTD2K9LV&ylbcode = BGPPFDEA。

表 1　金融界灵犀智投部分组合实盘表现

2017.01.01 至 2018.10.08	累计绝对 收益率/%	超额收 益率/%	年化波 动率/%	区间最大 回撤率/%	预期年化 夏普比率
上证指数	-12.33	—	13.71	25.50	-0.52
灵犀智投保守型	9.05	21.38	0.39	0.20	12.91
灵犀智投谨慎型	9.76	22.09	0.97	1.43	5.59
灵犀智投稳健型	14.48	26.81	2.66	4.06	2.99
灵犀智投积极型	15.76	28.09	3.96	7.38	2.18
灵犀智投激进型	18.91	31.23	4.82	10.85	2.13
创业板指数	-9.37	—	13.22	24.85	-0.41
沪深 300 指数	-18.41	—	10.74	27.06	-1.01
香港恒生指数	-7.80	—	9.61	17.18	-0.47
美股纳斯达克指数	15.25	—	9.88	10.38	0.85
沪金 AU9999	-2.30	—	3.28%	6.42	-0.40

工具，但中国的 FOF 尚处于起步阶段。从 2017 年 FOF 的发售到 2018 年 10 月刚好运行一年，在此期间，历经了 2018 年严酷的市场考验，到 2018 年第 2 季度末，其规模相较于 2017 年年底缩水严重，但在国内养老型基金开始试水和政策支持的刺激下，FOF 市场有望迎来高速发展期。

金融界智能金融研究中心专注于公募基金市场和大类资产配置算法研究多年，本着务实、严谨、追求卓越的精神，坚持以算法创新、技术创新和服务创新来服务中国的大众投资者，助力智能金融和财富管理在中国的发展。在 2015 年 12 月正式立项金融界"灵犀智投"项目[①]，通过公募基金来构建 FOF 策略，并于 2016 年年底正式上线，其实盘业绩受到了市场

---

① 资料来源：灵犀智投主页，https://1.jrj.com.cn/zntg/。

的广泛认可。同时，金融界智能金融研究中心还关注全球市场动态，开展海外资管业务，除了定时出具全球市场综合资产配置报告，还基于美股ETF，构建全球FOF组合，并在2016年年底进入模拟盘运行阶段，其业绩也体现了大类资产配置的优越性，稳定地跑赢单一的市场指数（见图8）。

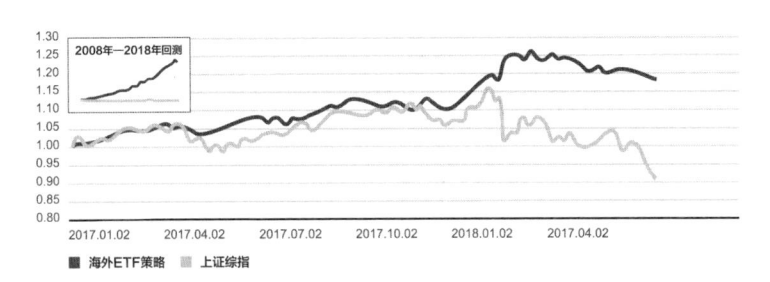

图8　金融界智能金融研究中心某海外ETF策略模拟盘表现

第三，通过智能化财富管理服务，为投资顾问与终端客户提供定制化的FOF策略和投顾后台服务。上文提到过，目前国内的销售主要来自银行代销，但随着互联网化的不断推进，公募基金会越来越多地通过投资顾问渠道来分发，而智能化财富管理服务与人工服务结合将会给公募行业带来规模上巨幅的增长（见图9）。

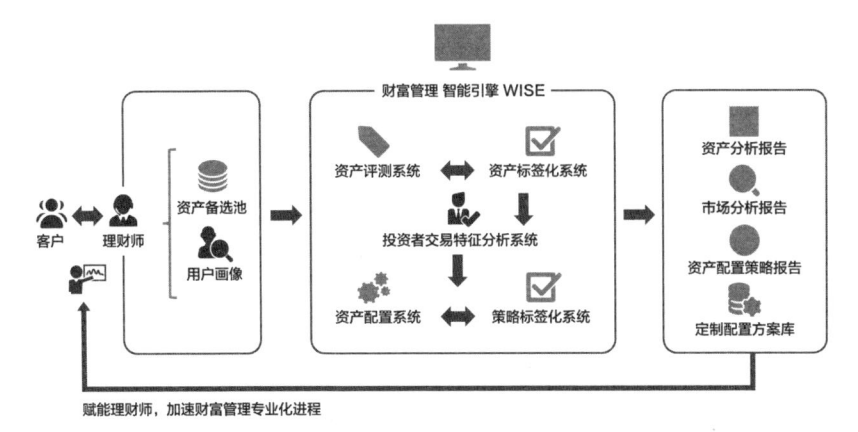

图9　金融界智能金融研究中心财富管理智能引擎体系示意

图 9 所示为金融界智能金融研究中心构建的财富管理智能引擎，为独立顾问和金融中介公司提供一站式财富管理服务平台。其中包括完整的智能 KYC（尽职调查）分析体系，定制化的资产分析和策略配置金融云服务、专业的理财投资和服务报告等。目前金融界财富管理智能引擎已稳定运行一周年，其根据自有代销基金池构建的多个定制化 FOF 策略也稳定地跑赢了国内市场（见图 10）。

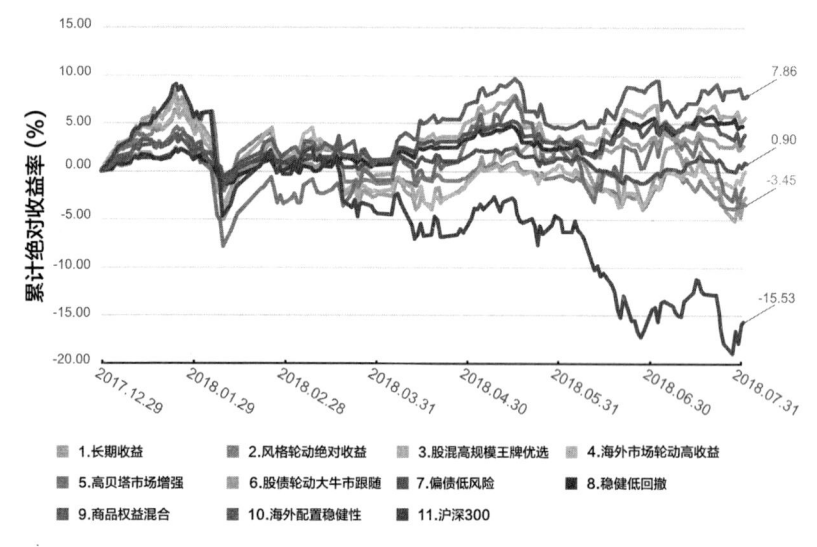

图 10 金融界财富管理智能引擎得到的部分策略回测结果

在养老需求和资本市场对外开放的双重刺激下，市场对养老目标基金和 FOF 型产品的需求将不断加剧，金融科技与公募基金行业融合的趋势也必将日趋显著，我们将会面临用金融科技助力公募基金行业最好的时代。

风险提示：本书中观点仅供参考，在任何情况下，书中信息或所表述的意见均不构成对任何人的投资建议。基金投资有风险，基金历史业绩不代表未来业绩，亦不作为未来收益的保证。投资者应当认真阅读《基金合同》《招募说明书》等基金法律文件，了解基金的风险收益特征。投资者在投资金融产品或金融服务过程中，应当注意核对自己的风险识别和风险承受能力，选择与自己风险识别能力和风险承受能力相匹配的金融产品或金融服务，并独立承担投资风险。